FRANK-RÜDIGER JACH / SIEGFRIED JENKNER (Hrsg.)

50 Jahre Grundgesetz und Schulverfassung

Abhandlungen zu Bildungsforschung und Bildungsrecht

Herausgegeben von Frank-Rüdiger Jach und Siegfried Jenkner

Band 4

50 Jahre Grundgesetz und Schulverfassung

Herausgegeben von

Frank-Rüdiger Jach
Siegfried Jenkner

Duncker & Humblot · Berlin

Die Deutsche Bibliothek – CIP-Einheitsaufnahme

50 Jahre Grundgesetz und Schulverfassung / hrsg. von Frank-Rüdiger Jach ;
Siegfried Jenkner. – Berlin : Duncker und Humblot, 2000
  (Abhandlungen zu Bildungsforschung und Bildungsrecht ; Bd. 4)
  ISBN 3-428-09994-X

Alle Rechte vorbehalten
© 2000 Duncker & Humblot GmbH, Berlin
Fotoprint: Berliner Buchdruckerei Union GmbH, Berlin
Printed in Germany

ISSN 1433-0911
ISBN 3-428-09994-X

Gedruckt auf alterungsbeständigem (säurefreiem) Papier
entsprechend ISO 9706 ♾

Vorwort

Dieser Tagungsband dokumentiert das am 14./15. Mai 1999 an der Humboldt Universität in Berlin abgehaltene Fachsymposium „50 Jahre Grundgesetz – Schulverfassung, das Recht auf Bildung und die Freiheit der Erziehung" des Instituts für Bildungsforschung und Bildungsrecht e. V. Hannover.

Das Symposium widmete sich zum 50jährigen Bestehen des Grundgesetzes der Frage, inwieweit die Schulverfassung ihren Beitrag zu einem demokratischen und pluralistischen Bildungssystem geleistet hat und welche Anforderungen für die Aufgaben des 21. Jahrhunderts zu stellen sind. Die Referenten stimmten darin überein, daß der Etatismus in seinen traditionellen Formen die Aufgaben eines modernen Bildungswesens heute nicht mehr adäquat zu lösen vermag.

Die Schulverfassung unter der Geltung des Grundgesetzes kann nicht ohne Rückbesinnung auf ihre historischen Ursprünge verstanden werden. In seinem Beitrag „Das Recht auf Bildung und die Freiheit der Erziehung in der deutschen Verfassungs- und Bildungsgeschichte bis zum Grundgesetz" zeigt *Siegfried Jenkner* zunächst auf, daß die Schulverfassung heute noch immer mit der Überwindung vorliberaler und vordemokratischer Traditionsbestände beschäftigt ist. Die Widersprüchlichkeit zwischen liberaler und etatistischer Position manifestiert sich historisch exemplarisch an Personen wie Ernst Christian Trapp oder Joachim Heinrich Campe. Im Frühliberalismus waren freie gesellschaftliche Selbstorganisation und kommunale Selbstverwaltung die beiden Hauptstränge der Bildungsreformdiskussion auch in der Staatslehre. Dieses liberale Gedankengut fand aber keinen Eingang in den deutschen Frühkonstitutionalismus. Die Freiheitsideen des Frühliberalismus waren nur im Ausland durchsetzbar.

Nach dem Scheitern der bürgerlichen Revolution von 1848 und der liberalen Bemühungen um Schulfreiheit und -vielfalt ging es in den schulrechtlichen und -politischen Konflikten in der zweiten Hälfte des Jahrhunderts vor allem um die weitere Durchsetzung bzw. Abwehr des umfassenden Staatsanspruchs auf die Schule. Auch die Weimarer Republik brachte in der Schulverfassung keinen Aufbruch zu neuen liberalen und demokratischen Ufern; der freiheitliche Anspruch der neuen Reichsverfassung fand in den Schulartikeln keinen Niederschlag. In den Schuldebatten der Weimarer Nationalversammlung dominierten die alten Kontroversen zwischen Staat, Gemeinden und Kirchen um die Verfügungsgewalt über die Schule; es blieb auch in den zwanziger und frühen dreißiger Jahren beim bloßen „Traum von der freien Schule".

In seiner Darstellung „Das Recht auf Bildung in der deutschen Bildungsgeschichte seit 1945" führt *Lutz R. Reuter* zunächst aus, daß das am 23. Mai 1949 in Kraft getretene Grundgesetz keine explizite Garantie eines „Grundrechts auf Bildung" enthält. Unbeschadet der Akzentunterschiede in der Begründung besteht heute in der verfassungsrechtlichen Literatur und Rechtsprechung jedoch Konsens über das Bestehen eines (Minimal-)Grundrechts auf Bildung mit seinen Aspekten „Entfaltungsrecht", „Zugangs- und Teilhaberecht" sowie „Mitwirkungsrecht".

Reuter zeigt sodann nach einer Darstellung der unterschiedlichen Entwicklungen in der DDR und der Bundesrepublik Deutschland auf, daß auch in der Verfassungsdebatte der Gemeinsamen Verfassungskommission (GVK) die in- und ausländische – und die Bürgerrechtsbewegung der DDR prägende – Diskussion zum Recht auf freie Schulwahl, zur Autonomie der Einzelschule, zur Neuordnung der Aufgabenverteilung im Bereich der inneren und äußeren Schulangelegenheiten oder gar zur bürgerschaftlich verfaßten Schule nicht in die GVK vordrang, zumal die Vertreter der Regierungsparteien eine umfassende und öffentliche Verfassungsdebatte („Verfassungskonvent") entschieden abgelehnt hatten.

Das Recht auf Bildung wurde und wird als Recht auf undiskriminierten Zugang zu staatlicherseits strukturell, pädagogisch, curricular und partizipatorisch ausgestalteten öffentlichen Schulen angesehen; das „Quasi-Monopol" der Volksschule nach Art. 7 Abs. 5 GG verkörpert die verbreitete Vorstellung von der Schule als staatlicher Anstalt. Sein Gehalt, so *Reuter*, ist konturenlos geblieben. Das Pluralitätsgebot tritt in erster Linie negatorisch auf als Verbot von Intoleranz und Indoktrination. Die Freiheitlichkeit der Bildung im Sinne der Vielfalt der Konzepte, Inhalte und Formen des Lernens und in deren Folge der Wettbewerb der Institutionen spielen im Grundrechtsdiskurs kaum eine Rolle. Demgegenüber sei der soziale Wandel Anlaß, die „Schulaufsicht" des Staates und das Grundrecht auf Bildung neu zu denken. Aus diesem Grunde – so *Reuter* – ist Art. 7 Abs. 1 GG vom Kopf auf seine Füße, d. h. von der Allzuständigkeit des Staates auf die Basis einer trägerschaftlichen Pluralität unter staatlicher Rechtsaufsicht, zu stellen.

Johann Peter Vogel legt in seinem Beitrag „50 Jahre Grundrecht auf Errichtung freier Schulen" zunächst dar, daß das Bundesverfassungsgericht nach und nach mit seiner grundsätzlichen Würdigung der Errichtungsgarantie für Schulen in freier Trägerschaft und ihrer Funktion für das gesamte Schulwesen Feststellungen getroffen hat, die dem Art. 7 Abs. 4 GG und seiner Stellung im Grundrechtsteil des Grundgesetzes gerecht werden. Die Errichtungsgarantie ist ein Bürgerrecht und als solches Ausfluß anderer grundlegender Grundrechte wie der freien Entfaltung der Persönlichkeit, der Glaubensfreiheit, des Elternrechts. Sie ist ordnungspolitischer Ausdruck der Abwehr eines staatlichen Schulmonopols und des Verfassungswillens, den individuellen Grundrechten eine organisatorische und inhaltliche Vielfalt im Schulwesen entsprechen zu lassen; Basis dieser Vielfalt sind Gleichwertigkeit und Gleichrangigkeit zum staatlichen Schulwesen. Selbst dort, wo – wie im Bereich der Grundschule – an einem Vorrang des Staates im Schulwesen noch festgehalten wird, wirkt die Errichtungsgarantie dahin, daß die Verwaltungsentscheidungen rechtsstaatlich überprüfbar sein müssen. Schließlich bedeutet die Gewährleistung der Schulen in freier Trägerschaft sogar eine finanzielle Kompensationspflicht des Staates gegenüber Ersatzschulen, wo strukturell die Erfüllung der Genehmigungsvoraussetzungen den Schulträgern nicht mehr gleichzeitig und dauerhaft möglich ist.

Gleichwohl kommt es nach *Vogel* zu traditionell rückwärtsgewandten, diesen Grundsätzen zuwiderlaufenden Rückgriffen auf Figuren wie ein vorkonstitutionelles Monopol des Staates im Berechtigungswesen oder die Vermutung sozialer Reibungen bei Aufgabe des traditionellen Vorrangs der staatlichen Grundschule oder ein „herkömmliches Bild der Privatschule".

Auch nach 50 Jahren Grundgesetz überwiegen bei der Diskussion um Schulpluralismus Ängste vor chaotischer Unübersichtlichkeit, die zu Lasten bildungsferner Schichten gehen könnte, und die Sorge um eine gerechte Leistungsmessung, die man sich nur im Wege gleichartig einheitlicher Anforderungen vorstellen kann. Das Gespenst der „Privatisierung des Schulwesens", der Auslieferung der Schule an den Markt wird immer wieder beschworen und dabei geflissentlich eines übersehen: daß die allgemeine staatliche Schulaufsicht, die das Grundgesetz zur Staatspflicht macht, auch und gerade in einem vielfältigen Schulwesen eine bedeutende, wenn auch gewandelte Funktion hat und die Kompetenz behält, Mißbrauch zu unterbinden. *Vogel* macht deutlich, daß „Privatisierung" im deutschen Schulwesen so wenig möglich ist wie bei Bundeswehr, Polizei und Finanzbehörde. Bildung ist eine öffentlich verantwortete Aufgabe – und das mit Recht.

Martin Stock nimmt in seinem Beitrag „Autonomiekonzepte für die öffentliche Schule – Altes und Neues" Bezug auf die Ursprünge der gegenwärtigen Autonomiediskussion. Diese Autonomiedebatten sind nun schon jahrelang im Gang; zu einer wirklichen überregionalen Verständigung über Ziele und Grundsätze einer entsprechenden Schulverfassungsreform haben sie aber noch nicht geführt.

Stock zeigt, daß schon 1973/74 die Bildungskommission des Deutschen Bildungsrates ein pragmatisches, durchaus maßvolles Konzept einer verstärkten curricularen und organisatorischen Selbständigkeit der einzelnen Schulen im Rahmen einer reformierten Staatsaufsicht entwickelte. Damit stieß diese Kommission, die ein breites Spektrum von Interesse und Sachverstand in sich vereinigte, auf unerwartete Widerstände. Es kam zu einem parteiübergreifenden reformverhindernden Bündnis von Bildungspolitikern und Kultusverwaltungen in den westdeutschen Ländern, und man machte dem Bildungsrat (inklusive Bildungskommission) wenig später überhaupt den Garaus. Nach einer langen Stagnationsperiode ist erst in den neunziger Jahren wieder eine breite und vielstimmige Autonomiediskussion in Gang gekommen.

Verfassungsrechtlich geht es *Stock* vor allem um eine Präzisierung der Sachkriterien, anhand derer die einzelne öffentliche Schule zur Selbststeuerung zu befähigen, dem gesellschaftlichen Umfeld funktionell zuzuordnen und demgemäß zu beaufsichtigen ist. Danach empfiehlt es sich, hierfür wiederum bei dem Erziehungs- und Bildungsauftrag nach Art. 7 Abs. 1 i. V. m. Art. 2 Abs. 1 GG anzusetzen. Das Mündigkeitsziel, das dabei im Mittelpunkt steht, findet in dem Recht auf Bildung als Recht auf „freie" Bildung den entscheidenden objektivrechtlichen Maßstab.

Auf curricularer Ebene ist eine „innere Vielfalt" erforderlich, die mit einem entsprechenden materialen Öffentlichkeitsprinzip als „pädagogischem Diskursprinzip" einhergehen muß. Tragende Säule der autonomen Schulverfassung muß danach die wohlverstandene pädagogische Freiheit sein. Sie sollte vom Schulgesetzgeber nunmehr als „Funktionsfreiheit" erkannt und als solche systematisch entfaltet und elaboriert werden.

Der Beitrag „Kommunitarismus, Liberalismus und Bürgergesellschaft im Bildungswesen" von *Frank-Rüdiger Jach* versucht die Schulverfassungsfrage in einen grundsätzlichen, demokratietheoretischen Zusammenhang zu stellen. Die Verstaatlichung und Verrechtlichung von Schule erschienen lange Zeit als Voraussetzung für die Verwirklichung von Chancengleichheit. Doch dieser Prozeß der institutionellen Normenbindung hat das Versprechen von Chancengleichheit nicht eingelöst.

Die Mehrheit der deutschen Staatsrechtslehrer und auch die Bildungspolitik begreifen nach 50 Jahren Schulverfassung unter der Geltung des Grundgesetzes die Aussage des Bundesverfassungsgerichts, das Grundgesetz gehe in der Absage an ein staatliches Schulmonopol von der gemeinsamen Wahrnehmung des öffentlichen Bildungsauftrags durch staatliche Schulen und freie Träger aus, noch immer als Lippenbekenntnis. So beschränkt sich die in den letzten Jahren entwickelnde bundesdeutsche Bildungsreformdiskussion auf die Frage nach mehr Gestaltungsräumen für die staatliche Schule, ohne die Rechtsstellung von Schulen in freier Trägerschaft, wie z. B. die Beschränkung der Gründungsfreiheit für „private Volksschulen" nach Art. 7 Abs. 5 GG, zu hinterfragen.

Wichtig sei vor allem, die Eigenverantwortung der Schule und der an ihr Beteiligten zu stärken. Die in diesem Sinne bürgerschaftlich verfaßte Schule bedarf einer Schulverfassung, die die administrativen, haushaltsrechtlichen und pädagogischen Selbstgestaltungsrechte der Einzelschule unter Einbeziehung von Eltern und Schülern substantiell sichert. Dies ist nicht primär eine Frage der Rechtsträgerschaft, sondern der Gewährleistung von Schulvielfalt und pädagogischer Autonomie für alle Schulen. Eine schlichte Entstaatlichung schafft hierbei allein nicht die notwendigen Voraussetzungen für eine am Wohl des Kindes orientierte Schulverfassung. Vielmehr gilt es auch im staatlichen Schulwesen Handlungsräume für bürgerschaftlich verantwortete Schulkonzeptionen zu eröffnen und diese nicht auf Schulen in freier Trägerschaft zu begrenzen. Auf der anderen Seite müssen die bildungspolitischen, rechtlichen und finanziellen Rahmenbedingungen für Schulen in freier Trägerschaft verbessert werden.

In diesem Kontext stehen Liberalismus und Kommunitarismus für unterschiedliche Konzepte der Bürgergesellschaft. In der Kritik eines überzogenen Liberalismuskonzepts im Bildungswesen ist zu betonen, daß nicht uneingeschränkte Freiheit, sondern öffentlich verfaßte Freiheit gefordert ist. Dies bedeutet, daß Unterrichts- und Erziehungskonzeptionen als Schulvielfalt weder im Sinne einer Beliebigkeit verstanden noch dem freien Spiel der Marktkräfte überlassen werden dürfen.

Der kommunitaristische Ansatz vernachlässigt dagegen die Bedeutung des Pluralismus für eine aktive Bürgergesellschaft, wenn er für die vermeintliche Stärkung des Gemeinsinns ein einheitliches Wertesystem der schulischen Erziehung auf der Basis zentraler Lehrpläne und zentraler staatlicher Prüfung fordert und die Schulreformdebatte unter Ausgrenzung freier Träger auf das staatliche Schulwesen beschränkt.

Arnold Köpcke-Duttler untersucht in seinem Beitrag „Zum Recht auf Bildung in interkulturellem Licht", der nicht als Vortrag auf dem Berliner Symposium gehalten werden konnte, die interkulturelle Dimension des Rechts auf Bildung und stellt diese in Zusammenhang mit den Kinder-Rechten insgesamt.

Er zeigt dabei die – je nach kulturellem Hintergrund – verschiedenen Ebenen von Bildung und Erziehung auf und betont die Bedeutung der Freiheit des Geistes für ein gelungenes „Sich-selbst-Finden" des jungen Menschen.

John E. Coons, schließlich betrachtet in seinem Beitrag „Für Karl Marx einspringen: Der vernachlässigte Klassenkampf im amerikanischen Bildungswesen" die historischen, politischen und gesellschaftlichen Aspekte des elterlichen Rechts auf freie Schulwahl in den Vereinigten Staaten von Amerika im Vergleich zur bundesdeutschen Situation. Er thematisiert dabei die Gefahren eines marktwirtschaftlich orientierten Bildungssystems, welches nur den finanzkräftigen Eltern die freie Wahl unter den besten (privaten) Schulen ermöglicht. Die Verhinderung gesellschaftlicher Segregationen im Schul- und Bildungswesen ist ein wichtiger Beitrag, um Toleranz, Selbstvertrauen und Engagement in einer Gesellschaft zu fördern. Ein Gutscheinsystem für Schulen, wie es in

Amerika in einigen Staaten versuchsweise eingeführt wurde, sei ein Mittel, um Bedürftigen die Wahl zwischen staatlichen und privaten Schulen zu ermöglichen.

Es war die Absicht des Symposiums, mit einer kritischen Bestandsaufnahme der Schulverfassung der Bundesrepublik sowie Vorschlägen zu ihrer Reform einen Beitrag aus bildungsrechtlicher und -politischer Sicht für die aktuelle Diskussion um die Modernisierung unseres Bildungswesens zu leisten. Nur in einem neuen rechtlich-administrativen Rahmen kann die Schule die Aufgaben erfüllen, die von ihr aus freiheitlicher und demokratischer Sicht im 21. Jahrhundert zu fordern sind.

Hannover, im August 1999   *Frank-Rüdiger Jach/Siegfried Jenkner*

Inhaltsverzeichnis

Siegfried Jenkner
   Das Recht auf Bildung und die Freiheit der Erziehung in der deutschen
   Verfassungs- und Bildungsgeschichte bis zum Grundgesetz 1

Lutz R. Reuter
   Das Recht auf Bildung in der deutschen Bildungsgeschichte seit 1945 17

Johann Peter Vogel
   50 Jahre Grundrecht auf Errichtung freier Schulen 39

Martin Stock
   Autonomiekonzepte für die öffentliche Schule – Altes und Neues 59

Frank-Rüdiger Jach
   Kommunitarismus, Liberalismus und Bürgergesellschaft im Bildungswesen 77

Arnold Köpcke-Duttler
   Zum Recht auf Bildung in interkulturellem Licht 91

John E. Coons
   Für Karl Marx einspringen: Der vernachlässigte Klassenkampf im amerikanischen Bildungswesen 105

Autorenverzeichnis 117

Das Recht auf Bildung und die Freiheit der Erziehung in der deutschen Verfassungs- und Bildungsgeschichte bis zum Grundgesetz

Siegfried Jenkner

I.

Für die Behandlung unseres Tagungsthemas ist es nützlich, ja eigentlich unentbehrlich, mit einem Rückblick auf die Verfassungs- und Bildungsgeschichte zu beginnen. Merkmale und Probleme der Schulverfassung, des Rechts auf Bildung und der Freiheit der Erziehung unter dem Grundgesetz sind nicht voll verständlich ohne eine gewisse Kenntnis ihrer historischen Entwicklung in Deutschland. Hans Heckel, der 1991 verstorbene Altmeister des deutschen Schulrechts, hat in seinem mehrfach aufgelegten Standardwerk „Schulrechtskunde" diese Entwicklung wie folgt zusammengefaßt:

„Wollte man die Lage überspitzt formulieren, so könnte man sagen, Schulrecht und Schulverwaltung seien in Preußen vor den Stein-Hardenbergschen Reformen und in den anderen Ländern zeitlich an der entsprechenden Stelle stehen geblieben; sie behielten im großen und ganzen Geist und Praxis des absolutistischen Polizei- und Wohlfahrtsstaates bei. Sie machten die Entwicklung der kommunalen Selbstverwaltung, den Liberalismus, die Demokratisierung des öffentlichen Lebens, die Umgestaltung des absoluten Staates zum Rechtsstaat nur zögernd mit. Auch nach 1918 änderte sich in den meisten deutschen Ländern zunächst wenig ... Das Bemühen, bisher Versäumtes nachzuholen und das Schulrecht der allgemeinen Entwicklung des Rechts und des politischen Denkens anzupassen, erklärt die heutigen Aktivitäten im Bereich der Schulgesetzgebung."[1]

Dem wäre nur hinzuzufügen, daß der Nachholprozeß bislang nicht abgeschlossen ist und wir noch immer mit der Überwindung vorliberaler und vordemokratischer Traditionsbestände beschäftigt sind.

---

[1] *Hans Heckel/Hermann Avenarius*, Schulrechtskunde, 6. Aufl., Neuwied/Darmstadt 1986, S. 10 f.

Auf die von Heckel skizzierte Entwicklung möchte ich im folgenden etwas näher eingehen – soweit dies im Rahmen eines einzelnen Referats möglich ist[2]. Diese Entwicklung war von Anfang an begleitet von Kritik und Alternativvorschlägen; sie konnten sich aber nicht durchsetzen und sind weitgehend in Vergessenheit geraten.[3] An sie zu erinnern ist nicht nur ein Gebot historischer Gerechtigkeit; aus ihnen können auch Anregungen für unsere heutige Reformdiskussion gewonnen werden.

II.

Die Forderung nach dem Recht auf Bildung und der Freiheit der Erziehung ist entstanden in der Auseinandersetzung mit dem Staat des aufgeklärten Spätabsolutismus; deshalb muß zunächst ein Blick auf die Schulpolitik jener Zeit geworfen werden. Sie war gekennzeichnet durch den Griff des Staates nach der noch weithin in ständischer, insbesondere kirchlicher und kommunaler Verantwortung befindlichen Schule und der verbreiteten Privaterziehung. Im Interesse der merkantilistischen Wirtschafts- und Sozialpolitik sowie des neuen rationalistischen Staatsverständnisses wurde jetzt – in den Worten eines zeitgenössischen Autors – Erziehung „als Teil der Ökonomie und Polizei ... eine wichtige Staatsangelegenheit"[4].

Dieser Anspruch hat seinen repräsentativen Ausdruck gefunden im Schulkapitel des Preußischen Allgemeinen Landrechts von 1794[5], dessen berühmt gewordener § 1 lautet:

„Schulen und Universitäten sind Veranstaltungen des Staates, welche den Unterricht der Jugend in nützlichen Kenntnissen und Wissenschaften zur Absicht haben."

Die in Preußen bereits 1717 proklamierte und 1763 erweiterte Schulpflicht wurde nochmals festgeschrieben (§ 43); Privatunterricht und Privatschulen

---

[2] Vgl. dazu auch *Siegfried Jenkner*, Staatsschule – Gemeindeschule – Schulgemeinde. Die staats- und erziehungswissenschaftliche Diskussion zum Verhältnis von Schule und Staat im 19. Jahrhundert, Pädagogische Rundschau. St. Augustin 39, 1985, H. 3.

[3] So z. B. auch in den hier relevanten Bänden III (1800–1870), IV (1870–1918) und V (1918–1945) des neuen Handbuchs zur deutschen Bildungsgeschichte, München 1987 ff.

[4] *Ernst Christian Trapp*, Versuch einer Pädagogik, Berlin 1780, Unveränderter Nachdruck, Paderborn 1970, S. 30.

[5] *Hans Hattenhauer* (Hrsg.), Allgemeines Landrecht für die Preußischen Staaten von 1794. Zweyter Teil, Zwölfter Titel: Von niederen und höheren Schulen, 2. Aufl., Neuwied 1994, S. 590 ff.

blieben zwar erlaubt, unterlagen aber besonderen Genehmigungsvoraussetzungen und standen unter behördlicher Aufsicht (§§ 4–8). Auf Einzelheiten und Probleme dieser Schulpolitik kann hier nicht eingegangen werden; im vorliegenden Zusammenhang ist entscheidend der umfassende Anspruch des Staates auf die Institution Schule und die Formulierung der Ziele und Inhalte des Unterrichts. Er wurde dann im 19. Jahrhundert schrittweise durchgesetzt.

Dieser Anspruch fand die Unterstützung der zeitgenössischen, sich gerade als akademische Disziplin etablierenden Pädagogik. Sie hoffte, die pädagogischen Reformvorstellungen der Aufklärung mit Hilfe des Staates realisieren zu können. Aus diesem Optimismus heraus entwickelten Pädagogik und Staatslehre am Ende des 18. und Beginn des 19. Jahrhunderts ein System der „Staatserziehungswissenschaft"[6]. Ich nenne hier nur zwei ihrer Vertreter, die auch heute noch über den engeren Kreis der Fachwelt hinaus bekannt sind:

– den 1779 auf den ersten pädagogischen Lehrstuhl an einer deutschen Universität (Halle) berufenen Ernst Christian Trapp
– sowie Joachim Heinrich Campe, Herausgeber des Standardwerks der Pädagogik der Aufklärung, „Allgemeine Revision des gesammten Schul- und Erziehungswesens", das in 16 Bänden von 1785 bis 1792 erschienen ist.

Beide verdienen auch deshalb besondere Erwähnung, weil sie sich später in Erkenntnis der tatsächlichen, aufklärungsfeindlichen Schulpolitik des spätabsolutistischen Staates von ihren früheren Positionen abwandten.

Trapp widerrief 1792 ausdrücklich seine bisherige Auffassung und wandte sich gegen Schulen unter staatlicher Leitung und Aufsicht mit der Begründung, „daß man jetzt mehr als jemals glaubt fürchten zu müssen, der Staat werde dies Vorrecht, wenn man es ihm zugesteht, auf Kosten der Freiheit seiner Glieder mißbrauchen"[7].

Campe kritisierte 1793 in einem dem Französischen Nationalkonvent gewidmeten Aufsatz, daß dort, „wo von Staats wegen angeordnete, privilegierte oder monopolisierte Schul- und Erziehungsanstalten sind, ... der fortschreitenden Verbesserung des Schul- und Erziehungswesens unüberwindliche Hinder-

---

[6] So der Titel eines repräsentativen Werkes dieser Richtung: *Heinrich Stephani*, Grundriß der Staatserziehungswissenschaft, Weißenfels/Leipzig 1797.

[7] *Ernst Christian Trapp*, Von der Notwendigkeit öffentlicher Schulen und von ihrem Verhältnis zu Staat und Kirche, in: Allgemeine Revision des gesammten Schul- und Erziehungswesens, 16. Bd., Wien/Braunschweig 1792, S. 2. Auszugweise abgedruckt in: Christa Berg (Hrsg.), Staat und Schule oder Staatsschule? Stellungnahmen von Pädagogen und Schulpraktikern zu einem unerledigten Problem. 1789–1889, Königstein/Taunus 1979.

nisse im Wege liegen"[8]. Mit dieser Kritik der Staatsschule griff Campe als Ehrenbürger der Französischen Republik in die Revolutionsdebatten um das Recht auf Bildung und die Freiheit der Erziehung ein, denen ich mich jetzt zuwenden möchte.

III.

Die französische Menschenrechtserklärung von 1789 enthielt noch kein ausdrücklich formuliertes Recht auf Bildung; es wurde erstmals kodifiziert in der Verfassung von 1793 mit der Formulierung (in Art. 22) „Unterricht ist das Bedürfnis aller" und der Forderung: „Die Gesellschaft solle mit der ganzen Kraft die Fortschritte der öffentlichen Bildung fördern und den Unterricht nach dem Leistungsvermögen aller Bürger anordnen."[9]

Zur Ausgestaltung dieses Rechts konkurrierten mehrere Konzeptionen[10]; das Spektrum reichte

- von strikter Unterrichtsfreiheit mit der Forderung, die Erziehung der Familie und die Gestaltung des Unterrichtswesens der gesellschaftlichen Selbstorganisation zu überlassen (Mirabeau),
- über die Ermöglichung sozialer Gleichheit durch chancengleiche Bildung in einem horizontal gegliederten nationalen Unterrichtswesen, aber unabhängig von der staatlichen Exekutive und mit Gewährleistung der Privatschulfreiheit (Condorcet),
- bis hin zur egalitären Kollektiverziehung aller Kinder in staatlichen Internatsschulen, die allerdings von gewählten Familienvätern verwaltet und beaufsichtigt werden sollten (Lepeletier).

Die Französische Revolution hat in Deutschland den Anstoß für eine Reihe von Verfassungsentwürfen gegeben, die aber lange Zeit vergessen waren und

---

[8] *Joachim Heinrich Campe*, Grundsätze der Gesetzgebung, die öffentliche Religion und die Nationalerziehung betreffend; dem Französischen Nationalkonvent gewidmet, in: Schleswigsches Journal, 1. Bd., Altona 1793, S. 136. Auszugweise abgedruckt in: Helmut König (Hrsg.), Schriften zur Nationalerziehung in Deutschland am Ende des 18. Jahrhunderts, Berlin 1954.

[9] Zitiert nach *Fritz Hartung/Gerhard Commichau* (Hrsg.), Die Entwicklung der Menschen- und Bürgerrechte von 1776 bis zur Gegenwart, 5. Aufl., Göttingen 1985, S. 65.

[10] Robert Alt (Hrsg.), Erziehungsprogramme der Französischen Revolution. Mirabeau – Condorcet – Lepeletier, Berlin/Leipzig 1949.

erst 1991 von Horst Dippel wieder ausgegraben wurden.[11] Der Herausgeber weist darauf hin, daß mit diesen Dokumenten „der Beginn der liberaldemokratischen Verfassungstradition in Deutschland nicht 1848/49 zu suchen, sondern tatsächlich bereits ein halbes Jahrhundert früher anzusetzen ist".

Drei der Entwürfe enthalten auch Aussagen zum Recht auf Bildung, mit denen die ganze Breite der zeitgenössischen Reformdiskussion abgedeckt wurde:

- Die „Konstitution für die Stadt Köln" von 1797 nannte an erster Stelle das Recht jedes Bürgers, „für seine Kinder beliebige Erziehungsanstalten zu treffen" (Art. 173), jedoch sollten auch „auf Kosten der Schatzkammer Kinderschulen eingerichtet und unterhalten werden" (Art. 174).

- Traugott Wilhelm Krug, Nachfolger Kants in Königsberg und später an der Universität Leipzig tätig, bemühte sich in seinen 1797 anonym erschienenen „Grundlinien einer allgemeinen deutschen Republik" um den Ausgleich der beiden Grundforderungen der Französischen Revolution nach Freiheit und Gleichheit. Er betonte einerseits die Bedeutung der Erziehung für die Erhaltung und Beförderung der Wohlfahrt der Republik und verpflichtete den Staat zur Anlage von Schulen für die Jugend beiderlei Geschlechts und zu gleichem Unterricht für alle; da aber andererseits „alle Erziehung frei seyn muß, so hat der Staat kein Recht, Privaterziehung zu verhindern oder gar zu verbieten".

- Der 1799 anonym veröffentlichte „Entwurf einer republikanischen Verfassungsurkunde, wie sie in Deutschland taugen möchte" forderte allgemeine Schulpflicht, für deren Durchsetzung die Gemeinden verantwortlich sein sollen; kommunale Zuständigkeit für Grund- und weiterführende Schulen; Lehrmittelfreiheit für „Kinder der armen Bürgerklasse", strenge Leistungsauswahl für weiterführende Schulen mit Bevorzugung armer Schüler, denen der Schulbesuch durch Schulgeldfreiheit und eventuell zusätzliche staatliche Unterstützung ermöglicht werden soll.

In diesen Forderungen wurde bereits der Doppelcharakter des Rechts auf Bildung deutlich:

- Als liberales Grundrecht bedeutet es Abwehr gegen den Staat; dieser hat die freie Entfaltung der Persönlichkeit durch Bildung zu gewährleisten und darf nicht (bzw. nur in engen, genau definierten Grenzen und unter erschwerten Bedingungen) in das Recht eingreifen, es behindern oder beschränken.

---

[11] *Horst Dippel,* Die Anfänge des Konstitutionalismus in Deutschland. Texte deutscher Verfassungsentwürfe am Ende des 18. Jahrhunderts, Frankfurt/M. 1991. Die folgenden Zitate sind den Seiten 9, 105, 137, 139 und 228 entnommen.

– Die Wahrnehmung des Rechts auf Bildung setzt aber voraus, daß entsprechende Bildungsmöglichkeiten vorhanden sind. Insofern ist dieses Recht auch ein soziales Grundrecht, das Ansprüche an den Staat beinhaltet. Er muß ein hinreichend differenziertes Bildungsangebot vorhalten, indem er eigene Bildungseinrichtungen schafft und/oder freie gesellschaftliche Einrichtungen ermöglicht.[12]

Das Bürgerrecht auf Bildung als Leitbild der Französischen Revolution blieb in Deutschland trotz der verschiedenen Bemühungen folgenlos.[13] Das gilt auch für die bereits erwähnten, von der Revolution beeinflußten Staatsschulkritiker Trapp und Campe. Sie vertraten mit ihren Alternativvorstellungen dezidiert liberale Positionen; insofern waren sie in der Schulverfassungsfrage das Bindeglied zwischen der Aufklärung und dem Frühliberalismus. Der Vergeblichkeit ihrer damaligen Bemühungen folgte das Vergessen bis in die Gegenwart. Beim 15. Kongreß der Deutschen Gesellschaft für Erziehungswissenschaft 1996 in Halle wurde zwar an den Staatsschulbefürworter Trapp erinnert, aber nicht an den späteren Staatsschulkritiker.[14] Im selben Jahr würdigten zwei große Ausstellungen in Braunschweig und Wolfenbüttel den Aufklärer Campe zu seinem 250. Geburtstag; auch hier blieb seine Staatsschulkritik unerwähnt.[15]

IV.

Bei der Behandlung des Frühliberalismus soll an erster Stelle der Namenspatron dieser Universität genannt werden: Wilhelm von Humboldt. 1792 veröffentlichte er vorab das Kapitel „Über öffentliche Staatserziehung" aus seiner liberalen Bekenntnisschrift „Ideen zu einem Versuch, die Grenzen der Wirksamkeit des Staates zu bestimmen". In ihm wandte sich der junge Humboldt gegen „öffentliche, d. h. vom Staat angeordnete oder geleitete Erziehung", weil er bezweifelte, daß in ihr die von den Aufklärern angestrebte Verbindung der Erziehung zum Menschen und zum Bürger gelingen könne. Eine freie Erziehung er-

---

[12] Vgl. dazu die Einleitung zu: International Declarations and Conventions on the Right to Education and the Freedom of Education (English, Français, Deutsch, Español). Ed. by *Alfred Fernandez* und *Siegfried Jenkner*, Frankfurt/M. 1995.

[13] Vgl. dazu *Rudolf W. Keck*, Das „Bürgerrecht auf Bildung". Bildungsgeschichtliche Aspekte der Französischen Revolution in Deutschland, Bildung und Erziehung. Köln 42, 1989, H. 3.

[14] Bildung zwischen Staat und Markt. Beiträge zum 15. Kongreß der Deutschen Gesellschaft für Erziehungswissenschaft. 35. Beiheft der Zeitschrift für Pädagogik, Weinheim 1996, S. 21.

[15] Vgl. dazu auch den Ausstellungskatalog: Visionäre Lebenskunst. Joachim Heinrich Campe in seiner Zeit 1746–1818, Wiesbaden 1996.

wartete er eher von „sorgfältiger Familienerziehung" und „Anstalten nützlicher und notwendiger gemeinschaftlicher Erziehung" in den Händen der Gesellschaft. Sein Fazit: „Öffentliche Erziehung scheint mir daher ganz außerhalb der Schranken zu liegen, in welchen der Staat seine Wirksamkeit halten muß."[16]

In der Wissenschaft ist bis heute umstritten, ob und inwieweit Humboldt später in seiner (nur kurzen) Tätigkeit als Leiter der Sektion Unterricht und Kultus im preußischen Innenministerium seine frühere Position aufgegeben und eine „Wendung zum Staat"[17] vollzogen hat. In dieser Auseinandersetzung ist erst jüngst wieder – von Clemens Menze – darauf hingewiesen worden, daß „Humboldt an den entscheidenden Grundzügen der 'Ideen' festhielt und trotz der sich verschärfenden widrigen Verhältnisse die Hoffnung auf eine die Staatsgewalt beschränkende Verfassung nicht preisgab"[18]. Das Schulwesen sollte „in die Hände der Nation" gelegt werden, das hieß für ihn in die Verantwortung der durch die Steinschen Reformen neu geschaffenen kommunalen Selbstverwaltung; die Staatsverwaltung sollte sich auf die allgemeine Gewährleistung und Kontrolle der Volksbildung beschränken.

Freie gesellschaftliche Selbstorganisation und kommunale Selbstverwaltung sind die beiden Hauptstränge der Bildungsreformdiskussion in der frühliberalen Staatslehre. Ihr Interesse an der Bildung hat Carl von Rotteck, einer der führenden liberalen Staatsrechtler jener Zeit, 1835 damit begründet, daß die Wahrnehmung der neuen bürgerlichen Freiheits- und Teilnahmerechte ohne die „Bildung einer aufgeklärten öffentlichen Meinung, d. h. die Erziehung der Bürger zur politischen Mündigkeit" nicht möglich sei.[19] Da aber der Staat nach frühliberaler Auffassung nur Mittel zur individuellen Selbstverwirklichung ist, so hat er – nach den Worten von Rottecks nicht minder berühmtem Zeit- und Weggenossen Robert von Mohl – „bloß die Hindernisse wegzuräumen, welche der Tätigkeit und Sorge des Einzelnen im Wege stehen und ... positive Hilfe da zu leisten, wo zur Errichtung eines gemeinnützigen Zweckes eine zureichende Wirksamkeit gar nicht erwartet werden kann oder sich wenigstens nicht zeigt"[20].

---

[16] In: Berlinische Monatsschrift, Berlin 20, 1792. Zitiert nach dem Abdruck in: Schriften zur Nationalerziehung, S. 159 und 163. Die gesamte Schrift wurde erst 1851 aus dem Nachlaß Humboldts herausgegeben; vgl. *Wilhelm von Humboldt*, Werke, Band 1., Stuttgart 1960.

[17] So *Ernst Rudolf Huber*, Deutsche Verfassungsgeschichte seit 1789, 1. Bd., Stuttgart 1957, S. 276.

[18] *Clemens Menze*, Nation und Staat bei Wilhelm von Humboldt, Pädagogische Rundschau, Frankfurt/M. 52, 1998, H. 2, S. 147.

[19] *Carl von Rotteck*, Stichwort „Bildung", in: Staatslexikon,. 2. Bd., Altona 1835, S. 516.

[20] *Robert von Mohl*, Die Polizei-Wissenschaft nach den Grundsätzen des Rechtsstaats, 1. Bd., Tübingen 1832, S. 419.

Damit formulierte von Mohl 1832 beispielhaft das Konzept einer nur subsidiären Staatsfürsorge für die Volksbildung.

Dieses liberale Gedankengut fand aber keinen Eingang in den deutschen Frühkonstitutionalismus. Nur wenige Verfassungen enthielten in ihren Grundrechtskatalogen überhaupt Aussagen zur Bildung; und diese beschränkten sich im Zusammenhang mit der freien Wahl von Beruf und Gewerbe auf das Recht, sich dazu nach eigener Neigung auszubilden: so in Württemberg 1819 (§ 29), Kurhessen und Sachsen 1831 (§§ 27 bzw. 28). Lediglich Kurhessen garantierte darüber hinaus die allgemeine Zugänglichkeit der öffentlichen Bildungsanstalten.[21]

Die Freiheitsideen des Frühliberalismus waren nur im Ausland durchsetzbar. 1831 gab sich Belgien die erste moderne liberaldemokratische Verfassung in Europa; sie gewährte erstmals (in Art. 17) auch eine allgemeine Unterrichtsfreiheit: „Der Unterricht ist frei; jede vorgreifende Maßregelung ist untersagt ..."[22]

Diesem Vorbild folgten die Verfassungen der Niederlande 1848 und Dänemarks 1849. In allen drei Verfassungen ist diese Freiheit bis heute unverändert enthalten; in den Niederlanden seit 1917 ergänzt um die Vorschrift gleicher Finanzierung staatlicher und freier Schulen.[23]

Nach diesem Exkurs ins Ausland zurück nach Deutschland. Hier ließ die staatliche Repressionspolitik auch im Bildungswesen freiheitlichen Bestrebungen keine Chance. Insbesondere in Preußen wurde auf der Grundlage des fortgeltenden Allgemeinen Landrechts und unter Mißachtung der neuen kommunalen Selbstverwaltung am umfassenden staatlichen Anspruch auf die Schule festgehalten und die begrenzte Unterrichts- und Privatschulfreiheit durch restriktive Ausführungsbestimmungen eingeschränkt.[24] Die Genehmigung von Privatschulen wurde von einer Bedürfnisprüfung abhängig gemacht, die vom Vorrang der staatlichen Schule auszugehen hatte. Das Schulwesen in freier Trägerschaft

---

[21] In ihren Organisationsteilen übertrugen die württembergische (§ 84) und die kurhessische Verfassung (§ 137) dem Staat die Sorge um den Erhalt und die Vervollkommnung der niederen und höheren Bildungsanstalten, abgedruckt in: *Ernst Rudolf Huber* (Hrsg.), Dokumente zur deutschen Verfassungsgeschichte, 1. Bd., S. 171 ff., 201 ff., 223 ff.; vgl. dazu auch *Helmut Gembries*, Verfassungsrechtliche Studien zum Recht auf Bildung im deutschen Vormärz, Darmstadt/Marburg 1978, insbesondere S. 142 ff.

[22] *Fritz Hartung/Gerhard Commichau* (Hrsg.), Die Entwicklung, S. 81.

[23] Vgl. dazu die Länderberichte über Belgien, Dänemark und die Niederlande, in: Bestand und Bedeutung der Grundrechte im Bildungsbereich. V. Konferenz der Europäischen Verfassungsgerichte 1981. Europäische Grundrechte Zeitschrift, Kehl 5, 1981, H. 20–24; *Frank-Rüdiger Jach*, Schulverfassung und Bürgergesellschaft in Europa. Berlin 1999.

[24] Kabinettsorder vom 10.6.1834 und Ministerialinstruktion vom 31.12.1839, abgedruckt bei *Lothar Theodor Lemper/Raban Graf von Westfalen*, Privatschulen im öffentlichen Schulwesen, Melle 1982, S. 302 ff.

konnte sich deshalb nur dort behaupten, wo der Staat nicht bzw. noch nicht eigene Ansprüche geltend machte: vor allem in der höheren Mädchenbildung, in der Berufsbildung und im Sonderschulbereich.

Die staatliche Schulpolitik wurde unterstützt von der weiterhin dominierenden Staatserziehungswissenschaft sowie von der Lehrerschaft, insbesondere den Volksschullehrern, die nach der gesellschaftlichen Anerkennung und sozialen Sicherheit des Beamtenstatus strebten. Trotz aller staatlichen Repressionen im Vormärz proklamierte 1842 Karl Friedrich Wilhelm Wander, einer der publizistischen Wortführer der Volksschullehrerschaft, im Vertrauen auf eine „gute, wohlwollende Regierung": „Für die Volksschule, ja für das gesamte Schulwesen ist eher kein Heil, als bis es zur Staatsschule erklärt ist."[25]

V.

Die Lehrerschaft trat auch in der Revolution von 1848 mit schulpolitischen Forderungen hervor. Diese umfaßten das ganze Spektrum zeitgenössischer Positionen, einschließlich liberaler und kirchlicher; es dominierte aber eindeutig das Staatsschulkonzept – bis hin zur Forderung nach Schließung der Privatschulen. Im übrigen konzentrierte sich das Interesse der Lehrer auf die Anhebung ihrer bürgerlichen Stellung und sozialen Lage, eine bessere Ausbildung sowie auf Lehrerbeteiligung bei der Schulleiterbestellung und Schulaufsicht.[26]

Die Arbeit für eine Reichsverfassung begann im April 1848 mit dem Grundgesetz-Entwurf des noch von der alten Bundesversammlung einberufenen „Siebzehner-Ausschusses". Er beschränkte sich im Grundrechtsteil noch ganz in der Tradition der frühkonstitutionellen Landesverfassungen auf die Gewährung der Berufswahl- und Berufsausbildungsfreiheit.[27] Der dann von der Frankfurter Nationalversammlung ausgearbeitete und später in die Reichsverfassung eingefügte Grundrechtskatalog vereinte in einem eigenen Kapitel über Erziehung und Unterricht die klassischen liberalen Forderungen mit dem Staatsanspruch auf

---

[25] *Karl Friedrich Wilhelm Wander*, Die Volksschule als Staatsanstalt (1842). Zitiert nach ders., Der Kampf um die Schule, Gerd Hohendorf (Hrsg.), Bildungspolitische und pädagogische Schriften, 1. Bd., Berlin 1979, S. 207 (208).

[26] Vgl. dazu: Geschichte der Reformbestrebungen auf dem Gebiete der deutschen Volksschule seit den Tagen des März 1848, in: Pädagogischer Jahresbericht für Deutschlands Volksschullehrer, Leipzig 4, 1849, insbesondere S. 15 ff.

[27] *Ernst Rudolf Huber* (Hrsg.), Dokumente zur deutschen Verfassungsgeschichte, S. 290 (§ 25 p.).

die Schule, den Statusforderungen der Lehrer sowie sozialen Aspekten des Schulbesuchs[28]:

– Es wurde der unbeschränkte häusliche Unterricht garantiert sowie die Gründung und der Betrieb von Privatschulen bei Qualifikationsnachweis ihrer Lehrer (§ 154); in beiden Formen konnte die Unterrichtspflicht für die Volksschule erfüllt werden (§ 155 Abs. 2).

– Dem Staat wurde die Oberaufsicht über das gesamte Unterrichts- und Erziehungswesen zugewiesen (§ 153); er hatte außerdem für öffentliche Schulen „überall genügend" zu sorgen (§ 155 Abs. 1). Die Lehrer dieser Schulen sollten vom Staat als Beamte angestellt werden (§ 156).

– Kostenloser Unterricht war für alle in den Volks- und Berufsschulen sowie für Minderbemittelte auch in den höheren Bildungsanstalten vorgesehen (§ 157).

Die Reichsverfassung wurde zwar von 28 deutschen Einzelstaaten angenommen, scheiterte aber am Widerstand der übrigen, insbesondere Preußens. Preußen hat dann die Bildungsartikel der Reichsverfassung im wesentlichen unverändert in seine eigene Verfassung von 1850 übernommen und zusätzlich den Gemeinden die „äußeren" Angelegenheiten der Volksschulen (und nur diese!) zugewiesen.[29] Da aber das von der Preußischen Verfassung vorgesehene Unterrichtsgesetz in der Zeit der Monarchie nicht zustande kam, blieben die Verfassungsartikel wirkungslos. Es galt weiterhin das bisherige Recht – das heißt das Allgemeine Landrecht von 1794 mit den späteren restriktiven Ausführungsbestimmungen.

Nach dem Scheitern der bürgerlichen Revolution und der liberalen Bemühungen um Schulfreiheit und -vielfalt ging es in den schulrechtlichen und -politischen Konflikten in der zweiten Hälfte des Jahrhunderts vor allem um die weitere Durchsetzung bzw. Abwehr des umfassenden Staatsanspruchs auf die Schule. Der Kulturkampf im Reich und die Auseinandersetzungen um ein Unterrichtsgesetz in Preußen sind dafür markante Beispiele.[30] Neben diesem Streit vor allem zwischen Staat und Kirche traten die Bemühungen um größere kommunale Schulkompetenzen in den Hintergrund, blieben aber Thema der wissenschaftlichen und politischen Diskussion.

---

[28] Verfassung des Deutschen Reiches vom 28.3.1849, §§ 152–158. *Ernst Rudolf Huber* (Hrsg.), Dokumente zur deutschen Verfassungsgeschichte, Bd. 1, S. 320.

[29] Verfassungsurkunde für den Preußischen Staat vom 31.1.1850, Art. 20–26. *Ernst Rudolf Huber* (Hrsg.), Dokumente zur deutschen Verfassungsgeschichte, Bd. 1, S. 403.

[30] Vgl. *Ernst Rudolf Huber* (Hrsg.), Dokumente zur deutschen Verfassungsgeschichte, Bd. 6, Kap. X: Der Kulturkampf, Kap. XII: Der Staat und die Schulverfassung.

Von den publizistischen Wortführern der Lehrerschaft war bereits in den vierziger Jahren der Gymnasialdirektor und Herausgeber der „Pädagogischen Revue", Karl Mager, aus der Front der Staatsschulbefürworter ausgebrochen.[31] Den politischen und bürokratischen Gefahren, die der Schule durch ihre Eingliederung in eine autoritäre Staatsverwaltung drohten, wollte er durch Stärkung der kommunalen und regionalen Selbstverwaltung auch im Schulwesen begegnen. Der bereits erwähnte Karl Friedrich Wilhelm Wander sowie Adolf Diesterweg, Herausgeber der „Rheinischen Blätter für Erziehung und Unterricht", folgten ihm später auf diesem Weg.[32] Aber weder ihr pädagogisch-publizistisches Engagement noch die Unterstützung durch prominente Staats- und Verwaltungswissenschaftler wie Rudolf Gneist, Lorenz Stein und Hugo Preuß[33] konnten der Gemeindeschulkonzeption zum Durchbruch verhelfen.

Auf die Überwindung des Kampfes um die Schule zwischen Staat, Kirche und Gemeinde war ein alternatives Schulverfassungskonzept gerichtet, das der rheinische Pädagoge Friedrich Wilhelm Dörpfeld zwischen 1863 und 1893 in mehreren Publikationen entwickelte und propagierte.[34] Ausgangspunkt war das elterliche Erziehungsrecht und sein „Fundamentstück", der Zusammenschluß von Eltern zu „Schulgemeinden" – verstanden aber nicht als privater Verein, sondern als öffentlich-rechtliche Einrichtung in genossenschaftlicher Selbstverwaltung. An ihr sollten neben den Eltern und Lehrern die sonstigen erziehungsrelevanten Kräfte beteiligt werden: die Orts- und Kirchengemeinde sowie der Staat. Die Aufsicht über dieses System selbständiger Schulen wurde weiterhin dem Staat zugebilligt, aber unter Beteiligung von Vertretern der Schulgemeinden.

Dieses interessante Konzept der Ausdehnung des Rechts der Eltern von der individuellen Schullaufbahnentscheidung für ihre Kinder auf eine kollektive Verantwortung für die Schule sowie der Versuch einer Ausbalancierung der

---

[31] Vgl. dazu *Heinrich Kronen*, Wem gehört die Schule? Karl Magers liberale Schultheorie, Frankfurt/M. 1981.

[32] Vgl. dazu: *Rudolf Hoffmann*, Karl Friedrich Wilhelm Wander. Eine Studie über den Zusammenhang von Politik und Pädagogik im 19. Jahrhundert, Langensalza 1929; *Albert Milkner*, Diesterwegs Gedanken über Schulgesetzgebung und Schulorganisation, Langensalza 1912.

[33] *Rudolf Gneist*, Die Selbstverwaltung der Volksschule, Berlin 1869; *Lorenz Stein*, Handbuch der Verwaltungslehre und des Verwaltungsrechts, Stuttgart 1870, Teil B: Die Verwaltung und das geistige Leben (Das Bildungswesen); *Hugo Preuß*, Das Recht der städtischen Schulverwaltung in Preußen, Berlin 1905.

[34] Vgl. dazu insbesondere: *Friedrich Wilhelm Dörpfeld*, Die drei Gebrechen der herkömmlichen Schulverfassung nebst bestimmten Vorschlägen zu ihrer Reform (1869), Gesammelte Schriften, 8. Bd., Gütersloh 1898, Nachdruck, Bad Heilbrunn 1961; *ders.*, Das Fundamentstück einer gerechten, gesunden, freien und friedlichen Schulverfassung (1893), Gesammelte Schriften, 7. Bd., Gütersloh 1897.

verschiedenen Schulinteressen in einem pluralistischen Selbstverwaltungssystem fanden Aufmerksamkeit und Unterstützung in der Pädagogik.[35] In der Bildungspolitik war es aber nicht durchsetzbar: Die Liberalen kritisierten den fortbestehenden Einfluß der Kirchen, die Konservativen die Schmälerung der staatlichen und/oder kirchlichen Verfügungsgewalt, die Sozialdemokraten waren ohnehin für die Staatsschule.

Die bereits erwähnten restriktiven Bestimmungen für die Schulen in freier Trägerschaft hielten diesen Bildungsbereich in engen Grenzen. Obwohl die Schulen mit ihren Aktivitäten in den vom Staat vernachlässigten Bereichen – höhere Mädchenbildung, Sonderschulen und Internatsschulen auf dem Lande – einen wichtigen Beitrag zur Realisierung des Rechts auf Bildung leisteten, konnte sich auch der 1882 gegründete „Allgemeine Deutsche Privatschulverein" mit seinen Forderungen nach rechtlicher Gleichstellung, größerer pädagogischer Freiheit und finanzieller Förderung der Freien Schulen nicht durchsetzen.[36]

VI.

Am Beginn des neuen Jahrhunderts trat die „Reformpädagogische Bewegung" mit einer radikalen Kritik der traditionellen Staatsschule auf. Gegen die Uniformität und den Zwangscharakter der alten Schulanstalt setzte sie die Idee einer neuen Schule: „neu in ihrem Geiste, neu in den Inhalten und Verfahrensweisen und neu in ihrer organisatorischen Gestalt"[37]. Ausgehend vom Recht des Kindes sollte diese „Schule der Zukunft" die individuellen Eigenheiten und die störungsfreie Selbstentfaltung des Kindes fördern in neuen Formen des Unterrichts, des Schullebens und des Verhältnisses von Schülern und Lehrern. Über die Reform der inneren Schulverfassung hinaus hat sich diese Bewegung aber erstaunlich wenig um die äußeren, rechtlich-administrativen Rahmenbedingungen für die angestrebte neue Schule gekümmert.

Auch die Weimarer Republik brachte in der Schulverfassung keinen Aufbruch zu neuen liberalen und demokratischen Ufern; der freiheitliche Anspruch

---

[35] Vgl. dazu *Wilhelm Rein*, Pädagogik in systematischer Darstellung, 2. Bd., 2. Aufl., Langensalza 1911, Kap. B. I, Schulverfassungstheorie; *Willy Potthoff*, Die Idee der Schulgemeinde. Vorstellungen zur genossenschaftlichen Selbstverwaltung im 19. Jahrhundert, Heidelberg 1971.

[36] Vgl. dazu *Eckhard K. Deutscher*, Private Schulen in der deutschen Bildungsgeschichte, Phil. Diss., Frankfurt/M. 1976, Kap. 4.3., S. 137 ff.

[37] *Wolfgang Scheibe*, Die Reformpädagogische Bewegung, 6. Aufl., Weinheim 1978, S. 75.

der neuen Reichsverfassung fand in den Schulartikeln keinen Niederschlag.[38] Es gab keine ausdrückliche Gewährleistung des Rechts auf Bildung, sondern nur die Verpflichtung des Staates, „für die Bildung der Jugend durch öffentliche Anstalten zu sorgen" (Art. 143 Abs. 1). Die bisher geltende (beschränkte) Unterrichtsfreiheit wurde aufgehoben zugunsten der ausnahmslosen Pflicht zum Besuch der Volksschule (Art. 145).

In den Schuldebatten der Weimarer Nationalversammlung dominierten die alten Kontroversen zwischen Staat, Gemeinden und Kirchen um die Verfügungsgewalt über die Schule.[39] Ein Scheitern der ganzen Reichsverfassung an dieser Frage konnte im letzten Augenblick durch die beiden „Weimarer Schulkompromisse" verhindert werden. Sie legten die christliche Gemeinschaftsschule als Regelschule fest (Art. 146 Abs. 1), ließen aber sowohl konfessionelle als auch religionsfreie weltliche Schulen auf Antrag der Erziehungsberechtigten zu (Art. 146 Abs. 2). Private Ersatzschulen, deren Zulassung zunächst ganz im staatlichen Ermessen liegen sollte, wurden jetzt verfassungsrechtlich gewährleistet, sofern sie einige allgemeine Anforderungen erfüllten (Art. 147 Abs. 1). Dies galt allerdings nur für weiterführende Schulen; im Volksschulbereich setzte der Staat seinen Anspruch auf die Schule weitgehend durch: Private Vorschulen zum Gymnasium wurden aufgehoben (Art. 147 Abs. 3), private Bekenntnis- oder Weltanschauungsschulen nur erlaubt, wenn keine entsprechenden Staatsschulen in der Gemeinde vorhanden waren. Im übrigen wurden private Volksschulen nur zugelassen, wenn die Unterrichtsverwaltung ein „besonderes pädagogisches Interesse" anerkannte (Art. 147 Abs. 2).

Auch in der Frage der administrativen Kompetenzverteilung konnte sich der Staat endgültig durchsetzen. Artikel 144 verwendete zwar nur die klassische Formulierung: „Das gesamte Schulwesen steht unter der Aufsicht des Staates", aber damit war auch im neuen liberaldemokratischen Staat die umfassende Verfügungsgewalt in der spätabsolutistischen Tradition gemeint. Im maßgebenden Verfassungskommentar von Gerhard Anschütz wurde dies deutlich herausgestellt:

„Die Schulaufsicht ist ungeachtet ihres Namens nicht nur Aufsicht im engeren und eigentlichen Sinne, d.h. keine bloße Kontrolle einer von der Staatsverwaltung im Subjekt verschiedenen Selbstverwaltung ..., sondern mehr und etwas

---

[38] Verfassung des Deutschen Reiches vom 11.8.1919, Zweiter Hauptteil, Vierter Abschnitt: Bildung und Schule (Art. 142–150); *Ernst Rudolf Huber* (Hrsg.), Dokumente zur deutschen Verfassungsgeschichte, 3. Bd., S. 149 f.
[39] Vgl. dazu *Walter Landé*, Die Schule in der Reichsverfassung, Teil B: Die Entstehung der Schulartikel, Berlin 1927, S. 27 ff.

anderes: Leitung und Verwaltung der inneren Schulangelegenheiten durch den Staat."[40]

Der Staat konnte zwar die Gemeinden an der Aufsicht beteiligen (Art. 144), dies bedeutete aber lediglich staatliche Auftragsverwaltung. Bei der Verwaltung der Schulen wurden den Kommunen weiterhin nur die 'äußeren' Angelegenheiten zugewiesen. Anschütz hat dieses anschaulich so formuliert:

„Die Gemeinde baut, als Träger der äußeren Schulverwaltung, der Schule das Haus; Herr im Hause aber ist der Staat."[41]

Auch die Rechte der Lehrer und Eltern blieben begrenzt. Die Lehrer der öffentlichen Schulen hatten zur Ausübung ihrer hoheitlichen Unterrichtstätigkeit die Rechte und Pflichten von Staatsbeamten (Art. 143 Abs. 3). Damit waren ihre individuelle pädagogische Freiheit und ihr kollektives Recht zur Mitwirkung an den Angelegenheiten der Schule durch die hergebrachten Grundsätze des Berufsbeamtentums eingeschränkt. Den Eltern standen nur das bereits erwähnte individuelle Recht der Schulwahl sowie die Entscheidung für oder gegen den Religionsunterricht für ihre Kinder zu (Art. 149 Abs. 2). Ein kollektives pädagogisches Elternrecht zur Mitbestimmung in der Schule war nicht vorgesehen.

Die Vorentscheidungen der Verfassung verringerten auch den Spielraum der Reichsschulkonferenz, die im Juni 1920 zur Vorbereitung eines Reichsschulgesetzes einberufen worden war.[42] In der Konferenz scheiterten sowohl der Vorstoß zur Trennung von Schulverwaltung und -aufsicht als auch die Bemühungen zur Ausdehnung der kommunalen Selbstverwaltung im Schulwesen. Die Privatschulen forderten vergeblich eine größere Entfaltungsfreiheit sowie finanzielle Unterstützung nach Maßgabe und Prüfung ihrer Bedürfnisse. Das Verlangen der Eltern nach stärkerem Einfluß in der Schule wurde auf die bloß beratende Mitwirkung in Elternbeiräten begrenzt.

Es hat in der Weimarer Republik wiederholt Forderungen nach einer Reform der Schulverfassung gegeben – so z. B. das Konzept öffentlich-rechtlicher Schulgenossenschaften des Dresdner Pädagogikdozenten Kurt Riedel[43] –, aber nur wenige partielle praktische Ansätze[44]. Die reformpädagogischen Impulse

---

[40] *Gerhard Anschütz*, Die Verfassung des Deutschen Reiches, 14. Aufl., Berlin 1933, Nachdruck, Darmstadt 1965, S. 672.

[41] *Gerhard Anschütz*, S. 668.

[42] Zentralinstitut für Erziehung und Unterricht (Hrsg.), Die Reichsschulkonferenz in ihren Ergebnissen, Berlin 1920, für die Angaben im Text vgl. S. 5 ff., 10 ff., 21 ff., 210 ff.

[43] *Kurt Riedel*, Vom Schulrecht zum Recht der Schule, Leipzig 1924.

[44] Vgl. dazu *Heinz Kloss*, Lehrer, Eltern, Schulgemeinden. Der Gedanke der genossenschaftlichen Selbstverwaltung im Schulwesen, Stuttgart 1949; erweiterte Neuauflage, Rudolf W. Keck (Hrsg.), Hildesheim 1981.

konzentrierten sich im wesentlichen auf einzelne Schulversuche im staatlichen Schulwesen oder wichen in den Privatschulsektor aus. Die Forderung des Schulreformers Franz Hilker, diese Reformschulen zu „Keimzellen für die Umgestaltung des gesamten Schulwesens zu machen" und dafür den Staatsschulen Freiheit für pädagogische Versuche sowie den Privatschulen finanzielle Unterstützung für ihre Reformvorhaben zu gewähren[45], hatten keine Realisierungschance. Es blieb in der Weimarer Republik beim bloßen „Traum von der freien Schule" als einer „selbstbestimmten und eigenverwalteten Schule in einer demokratischen Republik".[46] Mit der nationalsozialistischen Machtergreifung kam das endgültige Aus für alle Reformhoffnungen.

VII.

Nach dem Ende des NS-Herrschaftssystems übernahmen 1945 die Siegermächte die Staatsgewalt in Deutschland und übten sie über den Alliierten Kontrollrat und die Militärregierungen in den Besatzungszonen aus. Für die demokratische Neuordnung hatte das Bildungswesen zentrale Bedeutung; aber erst verhältnismäßig spät, im Juni 1947, erließ der Kontrollrat in seiner Direktive Nr. 54 „Grundsätze für die Demokratisierung des deutschen Bildungswesens". In ihnen wurde u. a. gefordert:

– „gleiche Bildungsmöglichkeiten für alle" in einem „comprehensive educational system" mit horizontaler Schulgliederung zu schaffen, und

– „allen Bürgern die wirkungsvolle Teilnahme an der Reform und Organisation des Bildungswesens ebenso wie an seiner Verwaltung zu ermöglichen"[47].

Zu diesem Zeitpunkt waren aber in den westlichen Besatzungszonen die wesentlichen Entscheidungen über Schulwesen und Schulverfassung bereits von den deutschen Verwaltungen getroffen worden – und zwar in direkter Anknüpfung an die deutsche Schultradition. Die frühen Landesverfassungen und Schulgesetze formulierten zwar ausdrücklich das Recht auf Bildung, gingen aber ganz selbstverständlich vom Primat der vertikal gegliederten Staatsschule in den

---

[45] *Franz Hilker* (Hrsg.), Deutsche Schulversuche. Berlin 1924, S. 448 ff.
[46] *Hans-Peter de Lorent/Volker Ulrich* (Hrsg.), „Der Traum von der freien Schule". Schule und Schulpolitik in der Weimarer Republik, Hamburg 1988, S. 7.
[47] Die Proklamationen, Gesetze und Verordnungen der Militärregierung Deutschlands, Karlsruhe 1947. G 54, S. 1 f. (nur in Englisch). Deutsche Übersetzung in: Berthold Michael/Hans-Hermann Schepp (Hrsg.), Die Schule in Staat und Gesellschaft. Dokumente zur deutschen Schulgeschichte im 19. und 20. Jahrhundert, Göttingen 1993, S. 337 f.

hergebrachten Verwaltungsstrukturen aus. Die alliierten Forderungen zur Schulreform und Demokratisierung der Schulverwaltung wurden weitgehend ignoriert.[48]

Eine der wenigen Ausnahmen war der hessische Entwurf eines Schulverwaltungsgesetzes, den Erwin Stein, CDU-Kultusminister in der ersten hessischen Nachkriegsregierung aus SPD und CDU und späterer Bundesverfassungsrichter, 1950 vorgelegt hatte. Er sah – mit direktem Bezug auf die Kontrollratsdirektive – auf allen „Schulverwaltungsebenen" neben den staatlichen Instanzen sog. Schulgemeinden aus Vertretern der Lehrer, Eltern und Kommunen mit substantiellen Mitwirkungsrechten vor. Doch konnte Stein dieses Konzept weder in der eigenen Partei noch beim Koalitionspartner SPD durchsetzen.[49]

Auf dem CDU-Bundesparteitag 1950 in Goslar mahnte Stein die Delegierten: „Das Ziel einer modernen Unterrichtsverwaltung im Gegensatz zu der früheren Zeit muß sein, nicht immer neue Aufgaben an sich zu ziehen, sondern soweit möglich auf frei gewählte und zur Initiative entschlossene Bildungsträger zu übertragen ... Ein staatlich autoritativ normiertes Unterrichts- und Bildungswesen ist ein Unglück für jedes Volk ... Ein Volk, das die Verantwortung für seine Erziehung und Bildung dem Staate allein überläßt, erweist sich als unmündig ... Es gibt auch keinen besseren Weg, unser Volk aus seiner Lethargie gegenüber den öffentlichen Dingen zu befreien, als wenn es zur tätigen Mitarbeit an der allgemeinen Erziehung aktiviert wird."[50]

Steins Mahnung fand damals keine Resonanz und war bald vergessen. Sie ist aber noch immer aktuell – heute mehr denn je. Deshalb möchte ich mit ihr meinen Vortrag beenden.

---

[48] Vgl. dazu *Lutz R. Reuter*, Die westlichen Besatzungszonen 1945–1949, in: Handbuch der deutschen Bildungsgeschichte. Bd. VI: 1945 bis zur Gegenwart, Erster Teilband: Bundesrepublik Deutschland, München 1998, S. 35 f.

[49] Vgl. dazu *Siegfried Jenkner*, Entwicklung und Perspektiven der Schulverfassung in der Bundesrepublik Deutschland, III. Kap.: Gescheiterte Reformansätze der Nachkriegszeit, Aus Politik und Zeitgeschichte, Beilage zur Wochenzeitung „Das Parlament", Bonn 1989, 27, S. 5 f.

[50] *Günter Scharfenberg* (Hrsg.); Dokumente zur Bildungspolitik der Parteien in der Bundesrepublik Deutschland. 1945–1975. 2. Bd., Berlin 1976, S. 27 f.

Das Recht auf Bildung
in der deutschen Bildungsgeschichte seit 1945

Lutz R. Reuter

Das „Recht auf Bildung" war in verschiedenen Phasen der deutschen Nachkriegsgeschichte Fokus der Bildungsreformdiskussion. Im folgenden wird dieser Diskurs, welcher der bipolaren Sicht von Freiheitsrecht und Leistungsanspruch verhaftet blieb, nachgezeichnet. Der Beitrag setzt sich kritisch mit der staatlichen Schulhoheit auseinander und arbeitet die Bedeutung des Rechts auf Bildung für eine freiheitliche Schulverfassung heraus.

I. Recht auf Bildung in der Besatzungszeit

„Das deutsche Erziehungswesen soll so überwacht werden, daß die nazistischen und militaristischen Lehren völlig ausgemerzt und die erfolgreiche Entwicklung demokratischer Ideen ermöglicht wird."[1] Denazifizierung, Demilitarisierung, Dezentralisierung und Demokratisierung waren die vagen Leitideen der Alliierten für die Umgestaltung von Erziehungszielen, Inhalten und Strukturen des Bildungswesens im besetzten Deutschland, die im Potsdamer Abkommen vom 2. August 1945 festgelegt worden waren. Diese Ziele wurden in der Kontrollrats-Direktive Nr. 54 des Alliierten Kontrollrats vom 25. Juni 1947[2] noch einmal wiederholt und konkretisiert, zugleich aber deutlich abgeschwächt gegenüber den Befehlen der Militäradministrationen in den Besatzungszonen.[3] Die Direktive Nr. 54 enthielt die folgenden bildungspolitischen

---

[1] Potsdamer Abkommen, Amtsblatt des Kontrollrates in Deutschland 1946, Ergänzungsblatt Nr. 1, S. 13, Politische Grundsätze Ziff. 7.

[2] Kontrollrats-Direktive Nr. 54: Grundlegende Richtlinien für die Demokratisierung des deutschen Bildungswesens, englischer Text, abgedruckt in: *Karl-Ernst Bungenstab*, Umerziehung zur Demokratie? Re-education-Politik im Bildungswesen der US-Zone 1945–1949, Düsseldorf 1970, S. 184 f.

[3] Direktive für die Kommandierenden Generale der US-Armee in Deutschland vom 7. Juli 1945, abgedruckt in: Leonhard Froese (Hrsg.), Bildungspolitik und Bildungsreform: Amtliche Texte und Dokumente zur Bildungspolitik im Deutschland der Besat-

Zielvorgaben: Gleichheit der Bildungschancen; Schulgeldfreiheit; Lernmittelfreiheit und Unterhaltsbeihilfen; zwölfjährige Schulpflicht; Stufenschule; Erziehung zur Demokratie; Lehrplan- und Schulbuchreform; universitäre Lehrerbildung; Zulassung privater (Bekenntnis-)Schulen. Die Direktive war eine Kompromißformel, gingen doch die tatsächlichen Entwicklungen längst auseinander. In der Sowjetischen Besatzungszone (SBZ) vollzog sich der Prozeß bildungspolitisch-administrativer Planungen und Entscheidungen in engster Abstimmung der Sowjetischen Militäradministration (SMAD) mit der SED und der Deutschen Zentralverwaltung der SBZ; die Landesorgane waren bedeutungslos. Wichtigstes Rechtsdokument war das formal von den Ländern und Provinzen verabschiedete, inhaltlich weitgehend übereinstimmende „Gesetz zur Demokratisierung der deutschen Schule" von 1946.[4] Mit der „antifaschistisch-demokratischen Schulreform" übernahm es Ziele der Weimarer Zeit, des Potsdamer Abkommens und des SMAD-Befehls Nr. 40: demokratische Einheitsschule, Koedukation, gleiches Recht auf Bildung, Chancengleichheit, Demokratisierung der Lehrpläne und Verbot der Privatschulen. Es legte zugleich die Grundlagen für die sozialistische Umwandlung des Schul- und Bildungswesens, die ihren Niederschlag in den Schulgesetzen der DDR von 1959 und 1965 fand.[5]

Die Entwicklung des Schul- und Bildungssystems in den Westzonen wich davon ab und führte sehr bald in eine restaurative Richtung. Äußerlich war die machtpolitische Situation nicht anders als in der SBZ. Doch während dort die SMAD schon im Juli 1945 die Deutsche Zentralverwaltung für das Bildungswesen unter Leitung des aus Moskau zurückgekehrten Kommunisten Paul Wandel etabliert hatte und mit dieser eng abgestimmt den Umbau des Bildungswesens betrieb, waren die westdeutschen Bildungsverwaltungen in der Lage, in vielen Fragen hinhaltenden Widerstand zu leisten. Der Konsens über die Fortsetzung der auf der Weimarer Schulkonferenz von 1920 steckengebliebenen Schulreform bestand bereits 1947 nicht mehr; die Reformkräfte waren geschwächt. Beispiel ist der vom hessischen Kultusminister Erwin Stein (CDU) 1948 vorgelegte Schulgesetzentwurf, der einige der Kontrollratsvorgaben umsetzen sollte, aber nicht zur Abstimmung kam. Ursachen für die Verhinderung der Reform waren die unzureichende Abstimmung unter den Besatzungsmächten, die Wiedereinführung föderativer Strukturen, die den Landesverwaltungen und Landtagen eingeräumten Kompetenzen und die fehlende Vorbereitung re-

---

zungszonen, der Bundesrepublik Deutschland und der Deutschen Demokratischen Republik, München 1969, S. 75–83, und Befehl Nr. 40 der Sowjetischen Militäradministration vom 25. August 1945, S. 84–86.

[4] Gesetz zur Demokratisierung der deutschen Schule vom 31. Mai 1946, VOBl. der Provinzialverwaltung Mark Brandenburg, S. 155.

[5] Gesetz über die sozialistische Entwicklung des Schulwesens in der Deutschen Demokratischen Republik vom 2. Dezember 1959, GBl. DDR I S. 859; Gesetz über das einheitliche sozialistische Bildungssystem vom 25. Februar 1965, GBl. DDR I S. 83.

formorientierter deutscher Akteure. Letztlich lag die westdeutsche Entwicklung in den Mechanismen liberaler Demokratien begründet. Eine verinnerlichte „Umerziehung" und durchgreifende Reformen konnten nicht von außen, erst recht nicht durch Militärs erfolgen. Die entscheidenden Systemmerkmale, welche die Auseinanderentwicklung der beiden deutschen Bildungssysteme bestimmten, waren schon vor 1949 etabliert: Einparteienherrschaft, ideologischer Führungsanspruch und tatsächliche Machtposition der SED, Zentralismus und Einheitlichkeit auf der einen Seite, Parteienkonkurrenz, Föderalismus, liberale Demokratie und gesellschaftlicher Pluralismus auf der anderen.

II. Recht auf Bildung im Verfassungsrecht

1. Bundesverfassungsrecht

Das am 23. Mai 1949 in Kraft getretene Grundgesetz[6] enthält keine explizite Garantie eines „Grundrechts auf Bildung". Zum Bildungswesen beschränkt es sich auf punktuelle Regelungen zum Elternrecht (Art. 6 Abs. 2), zur staatlichen „Schulaufsicht" (Art. 7 Abs. 1), zum Religionsunterricht (Art. 7 Abs. 3) und zum Privatschulwesen (Art. 7 Abs. 4–5) sowie zur Freiheit von Forschung und Lehre (Art. 5 Abs. 3). Artikel 12 garantiert allen Deutschen das Recht auf freie Wahl der Ausbildungsstätte. Ursprünglich auf berufsbildende und hochschulische Einrichtungen beschränkt umfaßt Art. 12 nach heutiger Auffassung auch weiterführende allgemeinbildende Schulen, nach Ansicht einiger Autoren sogar Grundschulen.[7] Hilfsweise garantiert Art. 2 Abs. 1 das Recht auf freie Schulwahl.[8] Artikel 2 erweitert den Kreis der Berechtigten auf Nichtdeutsche mit uneingeschränktem Aufenthaltsrecht.[9] Die Entwürfe weder des Herrenchiemseer Konvents noch des Parlamentarischen Rats enthielten „soziale Grundrechte".[10]

---

[6] BGBl. I S. 1 bzw. III Nr. 100-1, zuletzt geändert am 16. Juli 1998, BGBl. I S. 1822.

[7] Vgl. *Peter Glotz/Heiko Faber*, Richtlinien und Grenzen des Grundgesetzes für das Bildungswesen, in: Ernst Benda et al. (Hrsg.), Handbuch des Verfassungsrechts, Berlin 1994, § 28 Rz. 12.

[8] Vgl. BVerfGE 12, S. 257 (273 f.).

[9] Zum bildungsrechtlichen Status von Zuwanderern vgl. *Lutz R. Reuter*, Schulrechtliche und schulpraktische Fragen der schulischen Betreuung von Kindern und Jugendlichen nichtdeutscher Erstsprache, in: Recht der Jugend und des Bildungswesens, RdJB 47, 1999, S. 26–43.

[10] Parlamentarischer Rat, Stenographische Berichte über die Plenarsitzungen, Bonn 1948/1949, 1.–12. Sitzung; ders., Schriftlicher Bericht zum Entwurf des Grundgesetzes für die Bundesrepublik Deutschland, Bonn 1948/49, *Hermann v. Mangoldt*, Berichterstatter, Die Grundrechte; *Klaus-Berto v. Doemming* et al. (Hrsg.), Entstehungsgeschichte der Artikel des Grundgesetzes, in: Jahrbuch des Öffentlichen Rechts, Neue Folge, Bd. 1, 1951, S. 41–138.

Die Vertreter der SPD machten sich nicht in derselben Weise die einschlägigen Forderungen der Gewerkschaften zu eigen, wie dies die Abgeordneten von CDU und CSU mit Blick auf die kirchlichen Anliegen „Elternrecht", „Religionsunterricht" und „Konfessionsschulen" taten. Es bestünde – so auch SPD-Stimmen im Parlamentarischen Rat – die Gefahr, daß die Grundrechte einen höchst heterogenen Niederschlag verschiedener Parteiprogramme darstellen könnten. Insgesamt waren es verschiedene Motive, die zur Ablehnung sozialer Teilhaberechte geführt hatten, die vom „Offenhalten der Wirtschafts- und Sozialordnung" über die „Zuständigkeit der Länder" bis zur „Vorläufigkeit der Verfassung" reichten. Im Vordergrund stand vor allem das Motiv, nach dem Ende der nationalsozialistischen Diktatur Grundrechte als „Abwehrrechte" zu formulieren, „über die – so Carlo Schmid – auch der Staat nicht solle verfügen können". Daß indes das Verständnis des Staates als eines Gemeinwesens, das nicht nur Freiheiten garantiere, sondern auch soziale Rechte gewährleiste, 1948 nicht strittig war, zeigte der Umstand, daß die Sozialstaatsklausel sowie im Bereich der Grundrechte die Sozialbindung des Eigentums, der Mutterschutz und das Gebot der Gleichstellung unehelicher Kinder ohne größere Debatten Zustimmung fanden.[11]

Zwischen 1965 und 1975, d. h. parallel zur westdeutschen Bildungsreformdebatte, gab es eine intensive Diskussion darüber, ob aus den Grundrechten und Staatsgrundnormen des Art. 20 ein Grundrecht auf Bildung „abgeleitet" werden könnte.[12] Ralf Dahrendorf hatte 1966 den folgenden Verfassungsartikel vorgeschlagen:[13]

„(1) Jeder Mensch hat ein Recht auf eine intensive Grundausbildung, die ihn befähigt, von seinen staatsbürgerlichen Rechten und Pflichten wirksamen Gebrauch zu machen.

(2) Jeder Mensch hat ein Recht auf eine seiner Leistungsfähigkeit entsprechende weiterführende Ausbildung.

(3) Es ist die Pflicht der staatlichen Instanzen, dafür Sorge zu tragen, daß diese Rechte ausgeübt werden können."

---

[11] Vgl. *Volker Otto*, Das Staatsverständnis des Parlamentarischen Rates: Ein Beitrag zur Entstehungsgeschichte des Grundgesetzes für die Bundesrepublik Deutschland, Bonn 1971, S. 77 ff.

[12] *Bernd Clevinghaus,* Recht auf Bildung: Grundlagen und Inhalt, Bremen 1973; *Hans Peters*, Elternrecht, Erziehung, Bildung und Schule, in: Karl August Bettermann/ Hans Carl Nipperdey/Ulrich Scheuner (Hrsg.), Die Grundrechte: Handbuch der Theorie und Praxis der Grundrechte, Bd. 4, Berlin 1972, S. 369-445; *Lutz R. Reuter*, Das Recht auf chancengleiche Bildung, Ratingen 1975; *Ingo Richter*, Bildungsverfassungsrecht: Studien zum Verfassungswandel im Bildungswesen, Stuttgart 1973.

[13] *Ralf Dahrendorf*, Bildung ist Bürgerrecht: Plädoyer für eine aktive Bildungspolitik, Hamburg 1966, S. 23.

Die seinerzeitigen Begründungen verstanden das Recht auf Bildung als „soziales Grundrecht", d. h. als Grundlage aller anderen Grundrechte. Voraussetzung, von den Freiheitsrechten Gebrauch zu machen, wäre der Zugang zu und die Teilhabe an allgemeiner und beruflicher Aus- und Weiterbildung. Bedingung dafür, daß alle von ihren Freiheitsrechten Gebrauch machen könnten, wäre die Gleichheit der Chancen auf Bildung. Rechtsdogmatisch wurde das „Grundrecht auf Bildung" generiert aus

(1) Art. 7 Abs. 1 in seiner unangefochten etatistischen Auslegung (Schulen als staatliche Veranstaltungen);

(2) Art. 6 Abs. 2 (Teilhaberecht der Eltern zugunsten ihrer Kinder am staatlichen Schulwesen);

(3) Art. 12 (Zugang zu den staatlichen Bildungsstätten);

(4) Art. 2 (Persönlichkeitsentfaltung durch Bereitstellung von und Zugang zu staatlichen Bildungsstätten);

(5) Art. 20 (Sozialstaat als Verfassungsauftrag zur Grundrechtsermöglichung) und

(6) Art. 3 (materielle Gleichheit).

Unbeschadet der Akzentunterschiede in der Begründung besteht heute in der verfassungsrechtlichen Literatur[14] und Rechtsprechung[15] Konsens über das Bestehen eines grundgesetzlichen (Minimal-)Grundrechts auf Bildung mit seinen Aspekten „Entfaltungsrecht", „Zugangs- und Teilhaberecht" sowie „Mitwirkungsrecht".

In diesem Zusammenhang ist ein genauerer Blick auf Art. 7 Abs. 1 erforderlich. Von Anfang an wurde der dort verwendete Begriff der „Aufsicht" nicht in dem sonst üblichen Sinne als Aufsicht „über" Institutionen mit eigenen Handlungsspielräumen, sondern als staatliche Schulhoheit verstanden. Zwar werden die Schulen in der Regel von kommunalen Trägern errichtet und unterhalten (Art. 28 Abs. 2), doch „Herr im Haus" ist in Deutschland seit der Säkularisierung des Schulwesens der „Staat". Seit der Regelung in § 1 Abs. 2 (12) des Preußischen Allgemeinen Landrechts von 1794 sind die Schulen „Veranstaltungen des Staates". Schon früh hat die Rechtsprechung den Begriff der „Aufsicht des Staates" definiert als „Inbegriff der staatlichen Herrschaftsrechte über

---

[14] Vgl. *Horst Sendler*, Teilhaberechte in der Rechtsprechung des Bundesverwaltungsgerichts, Die Öffentliche Verwaltung, DÖV 31, 1978, S. 581–589; *Ingo Richter/Bernhard Schlink*, Grundrechte auf Bildung – Grundrechte auf Ausbildung, RdJB 28, 1980, 5, S. 202–213; *Ingo Richter*, Kommentierung zu Art. 7, in: Alternativkommentar zum Grundgesetz, Neuwied 1994, Rz. 38 ff.

[15] Vgl. BVerfGE 58, S. 155 (158); BVerwGE 47, S. 201 (206).

die Schule, nämlich die Gesamtheit der Befugnisse zur Organisation, Planung, Leitung und Beaufsichtigung"[16]. Verfassungsrechtlich mögliche Alternativformen öffentlicher Schulträgerschaft wie Gemeindeschulen oder selbständige Schulgemeinden (Lehrer-Eltern-Schulen), kurzzeitig nach dem Krieg in der Diskussion, wurden auf diese Weise ausgeblendet. Als Verkörperung ausschließlich partikularer Interessen wurden nichtstaatliche Schulen in den „Privatschulbereich" verwiesen. Insofern beinhaltet Art. 7 Abs. 3–4 weder ein „Grundrecht auf Bildungsfreiheit" noch einen Verfassungsauftrag zur Pluralisierung der Schulträgerschaft. Bis heute folgen Gesetzgebung[17] und Rechtslehre dieser etatistischen Auslegung. Die Vorschrift gehe, so Hans Jarass, „auf die historische Erfahrung zurück, daß der Staat das Schulwesen nicht der Gesellschaft überlassen kann"[18]. Welche „historische Erfahrung" gemeint ist, bleibt völlig unklar; die Kirchen des 18. Jahrhunderts dürften wohl kaum mit „der Gesellschaft" gleichgesetzt werden können.

In den siebziger Jahren setzte erneut eine Diskussion um soziale Staatsziele ein. Die Vorschläge der Sachverständigenkommission „Staatszielbestimmungen/Gesetzgebungsaufträge" zur Ergänzung des Grundgesetzes in den Bereichen Arbeit, Umweltschutz und Kulturstaat wurden angesichts des Regierungswechsels 1983 politisch nicht aufgegriffen.[19] Sehr viel konkreter waren Entwürfe, die im Zusammenhang mit der Demokratisierung der DDR und der Wiedervereinigung vorgelegt worden waren. Der von der Arbeitsgruppe „Neue Verfassung der DDR" des „Zentralen Runden Tisches" (ZRT) im April 1990 vorgelegte Verfassungsentwurf sah in Art. 24 das „Recht auf gleichen, unentgeltlichen Zugang zu den öffentlichen Bildungs- und Ausbildungseinrichtungen" vor.[20] Darüber hinaus wurden eine zehnjährige allgemeine Schulpflicht, die Durchlässigkeit der Bildungsgänge, vom Staat geförderte Privatschulen, eine staatliche Ausbildungsförderung und das pädagogische Elternrecht festgelegt. Doch hielt der nicht mehr verabschiedete Entwurf gegen die seinerzeit in der

---

[16] BVerwGE 6, S. 101 (104); 18, S. 38 (39); vgl. auch BVerfGE 26, S. 228 (238); 47, 46 (71); kritisch vgl. *Frank-Rüdiger Jach*, Schulvielfalt als Verfassungsgebot, Berlin 1991, S. 8–33.

[17] Exemplarisch für das Landesschulrecht vgl. § 32 Abs. 1 Schulgesetz Baden-Württemberg vom 1. August 1983, GBl. S. 397, zuletzt geändert am 15. Dezember 1997, GBl. S. 535, oder § 85 Abs. 1 Hamburgisches Schulgesetz vom 16. April 1997, GVBl. S. 97.

[18] *Hans D. Jarass*, Zum Grundrecht auf Bildung und Ausbildung, DÖV 48, 1995, S. 674–679 (677).

[19] Deutscher Bundestag, Bericht der Sachverständigenkommission Staatszielbestimmungen/Gesetzgebungsaufträge, Bonn 1983.

[20] Abgedruckt in Erich Fischer (Hrsg.), Verfassungen in der DDR: Textsammlung. Baden-Baden 1990, S. 15–58.

DDR verbreiteten und auch am ZRT diskutierten Forderungen nach Entstaatlichung des Bildungswesens eindeutig am Vorrang der staatlichen Schule fest.[21]

Der Einigungsvertrag enthielt in Art. 5 einen Gesetzgebungsauftrag. Innerhalb von zwei Jahren sollten sich die gesetzgebenden Körperschaften mit einer Änderung des Grundgesetzes, insbesondere mit „Überlegungen zur Aufnahme von Staatszielen" befassen.[22] Der vom Kuratorium für einen demokratisch verfaßten Bund deutscher Länder im Juni 1991 vorgelegte Verfassungsentwurf sah erweiterte demokratische Beteiligungs- und soziale Grundrechte vor.[23] So sah der neue Art. 7 ein Grundrecht auf Bildung und eine freiheitliche Schulverfassung vor:

„Der Staat garantiert den unentgeltlichen Zugang und die freie Wahl der Schule durch die Genehmigung und gleichberechtigte Förderung allgemein zugänglicher Schulen in öffentlicher und freier Trägerschaft."

Auch die „Bausteine" und „Verfassungspolitischen Leitlinien zu einer gesamtdeutschen Verfassung", die der DGB 1991 und 1992 vorgelegt hatte, sahen ein Recht auf Bildung vor, das jedoch traditionell etatistisch ausgerichtet war.[24] Die Gemeinsame Verfassungskommission (GVK), die im Auftrag von Bundestag und Bundesrat von Januar 1992 bis Oktober 1993 getagt hatte, verabschiedete Staatsziele zur Gleichstellung der Geschlechter, zur Achtung von Minderheitengruppen, zum Umweltschutz und zur europäischen Einigung, nicht jedoch zu sozialen Grundrechten bzw. Staatszielen, auch nicht zum Bildungswesen.[25] Zum Bildungswesen hatte die SPD eine Ergänzung von Art. 20 beantragt: „Der Staat schützt und fördert den Zugang eines jeden Menschen zur Bildung."[26] Der Antrag von Bündnis 90/Die Grünen nahm den Kuratoriumsentwurf zu Art. 7 wieder auf und verknüpfte im Recht auf Bildung die Freiheiten des Zugangs, der Auswahl und der Trägerschaft:

---

[21] Vgl. demgegenüber Positionspapier des Zentralen Runden Tisches zu Bildung, Erziehung, Jugend vom 5. März 1990, abgedruckt in: *Hans-Werner Fuchs/Lutz R. Reuter*, Bildungspolitik seit der Wende: Dokumente zum Umbau des ostdeutschen Bildungssystems (1989–1994), Opladen 1995, S. 107 f.

[22] Vertrag über die Herstellung der Einheit Deutschlands – Einigungsvertrag vom 31. August 1990, BGBl. II S. 889.

[23] Verfassungsentwurf für einen demokratisch verfaßten Bund deutscher Länder. Berlin, Typoskript, 1991.

[24] Bausteine des DGB zur Entwicklung des Grundgesetzes zu einer gesamtdeutschen Verfassung, Düsseldorf, Typoskript, 1991; näher S. *Lutz R. Reuter*, Constitutional developments in Germany since 1945, in: Beiträge aus dem Fachbereich Pädagogik der Universität der Bundeswehr, Hamburg 1994, H. 7, S. 3–51 (20–23, 28).

[25] Deutscher Bundestag (Hrsg.), Bericht der Gemeinsamen Verfassungskommission, in: Zur Sache: Themen parlamentarischer Beratung, Bonn 1993, S. 31–36, 128–164 (zit. GVK 1993).

[26] GVK 1993, S. 290 f. (DrS. 34).

„(1) Jeder Mensch hat das Recht auf Bildung.

(2) Der Staat garantiert den unentgeltlichen Zugang und die freie Wahl der Schule durch die Genehmigung und gleichberechtigte Förderung allgemein zugänglicher Schulen in öffentlicher und freier Trägerschaft."[27]

Die weiteren Absätze regeln die Durchlässigkeit der Bildungswege, die pädagogische Freiheit der Lehrkräfte, das Recht der Einzelschulen auf Selbstverwaltung im Rahmen der Gesetze und die Mitbestimmung der Eltern und Schüler, die Anforderungen an die Genehmigung freier Schulen aller Stufen und die Beteiligung von Vertretern der Lehrer, Eltern, Schüler und Schulträger in den Gremien der staatlichen Schulaufsicht. In der Verfassungsdebatte der GVK zum Themenkreis „Staatsziele" dominierten die bekannten „Prinzipien": Für die einen war die Gewährung staatlicher Leistungen Voraussetzung für eine effektive Grundrechtsverwirklichung, während die anderen den Verlust der Verbindlichkeit des Grundgesetzes durch „Inflationierung" von Staatszielen und Gesetzgebungsaufträgen befürchteten.[28] Die in- und ausländische Debatte zum Recht auf freie Schulwahl, zur Autonomie der Einzelschule, zur Neuordnung der Aufgabenverteilung im Bereich der inneren und äußeren Schulangelegenheiten oder gar zur bürgerschaftlich verfaßten Schule hingegen drang nicht in die GVK vor, zumal die Vertreter der Regierungsparteien eine umfassende und öffentliche Verfassungsdebatte („Verfassungskonvent") entschieden abgelehnt hatten. Zur Rechtfertigung des verfassungspolitischen Immobilismus diente auch die Besorgnis, die föderative Kompetenzordnung könnte weiterhin zu Lasten der Länder verschoben werden. Damit vermochte sich die von der Bürgerrechtsbewegung in der DDR vielfach erhobene Forderung nach Schulen in pluraler – staatlicher, kommunaler oder bürgerschaftlicher – Trägerschaft, wie sie z. B. in der „Leipziger Erklärung" des Forums Freie Pädagogik vom 22. April 1990 Ausdruck gefunden hatte, auch in der Verfassungsdebatte nicht mehr Gehör zu verschaffen.[29]

2. Die Verfassungen der DDR

Die Aussagen der Verfassungen der Länder der DDR, zwischen dem 20. Dezember 1946 (Thüringen) und 28. Februar 1947 (Sachsen) angenommen, stimmten weitgehend überein; sie gingen auf einen Entwurf der SED zurück.[30] Gemäß den jeweiligen Abschnitten über die Volksbildung sollte „die öffentliche

---

[27] GVK 1993, S. 294 (DrS. 44).
[28] GVK 1993, S. 153–156, 158–160.
[29] Abgedruckt in: Metamorphose, 1990, H. 9, S. 10 f.
[30] Erich Fischer (Hrsg.), Anm. 20, S. 59–120.

Erziehung ... durch eine für Knaben und Mädchen gleiche, organisch gegliederte Einheitsschule mit demokratischem Schulsystem auf der Grundlage der allgemeinen Schulpflicht" erfolgen.[31] Im übrigen wurden Chancengleichheit, Elternmitbestimmung, Unentgeltlichkeit und Begabungsförderung sowie Humanismus, Demokratie und religiöse Toleranz als Leitlinien des Bildungssystems bestimmt; Schulen nichtstaatlicher Träger waren nicht vorgesehen.[32] Ein Recht auf Bildung enthielten nur die Verfassungen von Thüringen (Art. 69) und Brandenburg (Art. 58).

Die „bürgerliche" Verfassung der DDR vom 7. Oktober 1949[33], in enger Anlehnung an die Reichsverfassung von 1919, jedoch in einigen Elementen bereits sozialistisch konzipiert, wiederholte den Inhalt des Schulgesetzes von 1946. Artikel 35 garantierte jedem Bürger das „gleiche Recht auf Bildung und auf freie Wahl seines Berufes". Dieses Recht sollte ausschließlich durch staatliche Einrichtungen auf der Grundlage eines Gesetzes der Republik verwirklicht werden. Die Länder sowie ihre Verfassungen und staatlichen Organe waren nicht nur im Bildungsbereich spätestens im Herbst 1949 bedeutungslos geworden. Rechtliche Instrumente zur Durchsetzung der Grundrechte wie die nach Art. 138 vorgesehene Verwaltungsgerichtsbarkeit wurden nicht eingeführt. Die „sozialistische" Verfassung von 6. April 1968[34] schrieb die „sozialistische Umwälzung der gesellschaftlichen Ordnung" fest und etablierte das Führungsmonopol der SED. Die Verfassungsänderungen vom 7. Oktober 1974 betrafen nicht den Bildungsbereich.[35] Artikel 25 und 26 zum Schul- und Bildungssystem waren eine Kurzfassung des Gesetzes über das einheitliche sozialistische Bildungssystem vom 25. Februar 1965.[36] Das „gleiche Recht aller Bürger auf Bildung" garantierte eine „kontinuierliche sozialistische Erziehung, Bildung und Weiterbildung". Nach dem Verständnis der SED waren die Grundrechte jedoch nicht mehr bürgerliche Selbstbestimmungsrechte, sondern sozialistische Persönlichkeitsrechte. Auf dem Hintergrund des Doppelcharakters der Grundrechte als Rechte und Pflichten verkörperte das sozialistische Grundrecht auf Bildung in diametraler Umkehr des freiheitsrechtlichen Ausgangspunktes die Erziehungsfunktion des sozialistischen Staates. Als Organisationsformen der Optimierung des gesellschaftlichen Handelns der einzelnen Gesellschaftsmitglieder dienten sie der „ständigen Höherentwicklung der individuellen und gesell-

---

[31] Verfassung der Provinz Sachsen-Anhalt vom 10. Januar 1947, Art. 85, GBl. Nr. 2–3/1947, S. 9–15.

[32] Vgl. Verfassungsberatungen in Sachsen, Die neue demokratische Verfassung Sachsens, Dresden 1947, S. 12 f.

[33] In der Fassung vom 12. September 1960, GBl. I S. 505.

[34] GBl. I S. 199.

[35] GBl. I S. 432.

[36] GBl. I S. 83.

26   Lutz R. Reuter

schaftlichen Potenzen"[37]. „Nur hochgebildete, Natur und Gesellschaft überschauende, dem Sozialismus treu ergebene Menschen" wären – so der offizielle Kommentar zu Art. 26 – „in die Lage, die entwickelte sozialistische Gesellschaft zu gestalten ..."[38]

3. Die Landesverfassungen der Bundesrepublik Deutschland

Die Bildungsgrundrechte der westdeutschen Landesverfassungen kennzeichnet demgegenüber die Doppelfunktion von Freiheitssicherung und gesellschaftlicher Integration. Sechs Verfassungen (Bayern, Baden-Württemberg, Berlin, Bremen, Niedersachsen, Nordrhein-Westfalen sowie die Verfassung des 1953 aufgelösten Landes Württemberg-Baden) enthalten ein Recht auf Bildung; die übrigen (außer Hamburg) garantieren zumindest den freien Zugang zu oder einen Verfassungsauftrag zur Errichtung von Bildungsstätten. Artikel 4 der nach der Wiedervereinigung revidierten Verfassung Niedersachsens vom 19. Mai 1993 lautet kurz: „Jeder Mensch hat das Recht auf Bildung."[39]

In vielen Nachkriegsverfassungen spiegeln sich in den Bildungskapiteln Zeitgeist und Zeitumstände: Sie gewährleisten Bildung nach Maßgabe von „Begabung, Berufung und Neigung" und garantieren „sozial Schwächergestellten" besondere Erziehungsbeihilfen; zu den obersten Bildungszielen gehört die „Aufgeschlossenheit für alles Wahre, Gute und Schöne".

„Jeder Bewohner Bayerns hat Anspruch darauf, eine seinen erkennbaren Fähigkeiten und seiner inneren Berufung entsprechende Ausbildung zu erhalten."[40] „Jedem jungen Menschen soll zu einer seiner Begabung entsprechenden Ausbildung verholfen werden. Begabten soll der Besuch von höheren und Hochschulen nötigenfalls aus öffentlichen Mitteln ermöglicht werden."[41]

In fünf der vor 1949 verabschiedeten Landesverfassungen sowie in der Verfassung von Nordrhein-Westfalen vom 28. Juni 1950[42] stehen die Bildungsartikel im Zusammenhang mit ausführlichen Regelungen zur Kultur-, Wirtschafts- und Sozialverfassung. Die meisten der nach dem 8. Mai 1949 verabschiedeten

---

[37] *Eberhard Poppe/Rolf Schüsseler*, Sozialistische Grundrechte und Grundpflichten, Staat und Recht 12, 1963, S. 213 ff. ; *Willi Büchner-Uhder/Eberhard Poppe/Rolf Schüsseler*, Grundrechte und Grundpflichten der Bürger in der DDR, Staat und Recht 15, 1966, S. 563 ff.

[38] *Klaus Sorgenicht* et al. (Hrsg.), Verfassung der Deutschen Demokratischen Republik: Dokumente und Kommentar, Band 2., Berlin 1969, S. 85.

[39] GVBl. S. 107.

[40] Bayerische Verfassung vom 2. Dezember 1946, Art. 128, GVBl. S. 333.

[41] Rheinland-Pfälzische Verfassung vom 18. Mai 1947, Art. 31, GVBl. S. 209.

[42] GV NW, S. 127.

Verfassungen, z. B. die der britischen Zone, verzichten angesichts der Sozialstaatsklausel des Grundgesetzes auf derartige Regelungen und auf eigene Grundrechte. Zu den Inhalten der Bildungsartikel gehören Fragen des Schulwesens wie Schulpflicht, Schulaufsicht, Gliederung in Schulformen, Lehrerbildung, Elternrecht und Mitwirkung, Privatschulen, Religions- und staatsbürgerlicher Unterricht, aber auch der Berufs-, Erwachsenen- und Hochschulbildung.

Verfassungskommentare und Literatur kennzeichnen den rechtlichen Charakter der Landesbildungsgrundrechte entweder als Programmsätze bzw. Verfassungsaufträge oder als Leistungsansprüche.[43] Verglichen mit dem Elternrecht ist ihre Bedeutung eher gering geblieben. Die in den meisten Landesverfassungen enthaltenen Bildungs- und Erziehungsziele verpflichten den Schulunterricht auf Demokratie, Humanismus, Pluralität und Toleranz. Allen Verfassungsbestimmungen zum Bildungswesen ist ein mit Blick auf die Perversion des nationalsozialistischen Staates erstaunliches Maß an Etatismus zu eigen:

„Privatschulen müssen den an die öffentlichen Schulen gestellten Anforderungen entsprechen. Sie können nur mit Genehmigung des Staates errichtet und betrieben werden."[44]

Alternative Formen öffentlicher Schulen wie staatlich-kommunale oder bürgerschaftliche Schulen sind weder nach dem Krieg noch seither im deutschen Verfassungskontext angedacht worden. Neben den Eltern ist es fast ausschließlich der Staat, der als Bildungsversorger verstanden wird. Das Recht auf Bildung wurde und wird als Recht auf undiskriminierten Zugang zu staatlicherseits strukturell, pädagogisch, curricular und partizipatorisch ausgestalteten öffentlichen Schulen angesehen; das „Quasi-Monopol" der Volksschule nach Art. 7 Abs. 5 verkörpert die verbreitete Vorstellung von der Schule als staatlicher Anstalt. Exemplarisch verdeutlicht dies die 1989 überarbeitete Verfassung von Schleswig-Holstein. Nur scheinbar garantiert sie einen pluralistischen Rahmen für das Schulwesen, wenn sie der dänischen nationalen Minderheit und der friesischen Volksgruppe die Errichtung eigener nationaler Schulen zugesteht, zu deren Förderung sie das Land verpflichtet. Denn alle übrigen Schüler werden nach Art. 8 in staatlichen Schulen als „Gemeinschaftsschulen" zusammengefaßt. Das Recht nationaler Minderheiten auf eigene Schulen ist nur als „Partikularinteresse" anerkannt; die schulrechtlichen „Sonderregelungen" für Zuwandererschüler beinhalten demgegenüber in der Regel nicht einmal Rechte.[45] Die Kultu-

---

[43] Vgl. *Hans Geller/Kurt Kleinrahm/Hans-Joachim Fleck*, Die Verfassung des Landes Nordrhein-Westfalen, Kommentar, Göttingen 1996; *Adolf Süsterhenn/Hans Schäfer*, Kommentar der Verfassung für Rheinland-Pfalz mit Berücksichtigung des Grundgesetzes für die Bundesrepublik Deutschland, Koblenz 1950.
[44] Bayerische Verfassung, Art. 134.
[45] Vgl. *Lutz R. Reuter*, Schulrechtliche und schulpraktische Fragen, S. 26–43 (Anm. 9).

ren der Minderheiten konstituieren nicht den Bildungsbegriff der öffentlichen Schule, aber sie „bereichern" ihn immerhin.[46] Zwar ist gesellschaftliche Pluralität Prinzip der Curriculumentwicklung im Staatsschulwesen. Doch als universelles Prinzip freiheitlicher Schulverfassung in der Zivilgesellschaft tritt Pluralität weder in den Landesverfassungen noch im einfachen Schulrecht auf.

Die nach der Wiedervereinigung verabschiedeten ostdeutschen Verfassungen garantieren ein Grundrecht auf Bildung als soziales Grundrecht („Jeder Mensch hat das Recht auf Bildung.")[47] oder als Staatsziel („Das Land anerkennt das Recht eines jeden Menschen ... auf Bildung als Staatsziel an.").[48] Eingedenk der Zugangsrestriktionen in der DDR zur Erweiterten Oberschule oder zur Hochschule garantieren außerdem alle Verfassungen ausdrücklich jedem das Recht auf „freien Zugang zu allen öffentlichen Bildungseinrichtungen unabhängig von seiner wirtschaftlichen und sozialen Lage sowie seiner weltanschaulichen und politischen Überzeugung"[49]. Doch gibt es auffallende Unterschiede: Ein explizites Recht auf (schulische) Bildung enthält nicht die Verfassung, sondern das Schulgesetz von Mecklenburg-Vorpommern, welches die sich daraus ergebenden Bildungsansprüche auf die Garantien des Gesetzes beschränkt; durch die Qualifizierung als Staatsziel nimmt die Sächsische Verfassung dem Recht auf Bildung seinen Anspruchscharakter. Die Verfassung des Landes Brandenburg hingegen definiert das Grundrecht auf Bildung als Anspruch auf Schul- und Berufsbildung und räumt einen Rechtsanspruch auf Freistellung zur beruflichen, kulturellen und politischen Weiterbildung ein (Art. 33). Die ostdeutschen Verfassungen garantieren – sprachlich moderner gefaßt als die älteren westdeutschen Vorläufer – durchgängig das Recht auf „individuelle Entfaltung durch Bildung" sowie „Zugang zu und Teilhabe an öffentlichen Bildungsangeboten". Die im Winter 1989 und 1990 erhobenen Forderungen nach einer freiheitlich-pluralen Organisation des Schulwesens haben indes keinen Niederschlag gefunden. Die traditionelle Auslegung des Begriffs der „Aufsicht" des Staates über das Schulwesen gemäß Art. 7 Abs. 1 GG hatte sich 1991 wie Mehltau über alle Ideen eines bürgerschaftlich verantworteten Schulwesens gelegt.

---

[46] Vgl. näher *Ursula Neumann/Lutz R. Reuter*, Alles was Recht ist: Minderheiten im deutschen Schulwesen, in: Deutsch lernen 1997, S. 224–243.

[47] Verfassung des Freistaates Thüringen vom 25. Oktober 1993, Art. 20, GVBl. S. 625; ähnlich Verfassung von Berlin vom 14. Juni 1996, Art. 20, GVBl. S. 233; Verfassung des Landes Brandenburg vom 22. April 1992, Art. 29, GVBl. I S. 122, und Verfassung des Landes Sachsen-Anhalt vom 16. Juli 1992, Art. 25, GVBl. S. 564.

[48] Verfassung des Freistaates Sachsen vom 6. Juni 1992, Art. 20, GVBl. S. 243; vgl. Verfassung des Landes Mecklenburg-Vorpommern vom 23. Mai 1993, Art. 8, GVBl. S. 372.

[49] Verfassung des Landes Mecklenburg-Vorpommern, Art. 8.

III. Recht auf Bildung im Europarecht und internationalen Recht

Die Art. 149 und 150 (ex-126 u. 127) EU-Vertrag definieren die Ziele und Aufgaben der Europäischen Union im Bereich der allgemeinen und beruflichen Bildung, enthalten aber keine individuellen Rechte der Unionsbürger. Diese garantiert Art. 2 des (ersten) Zusatzprotokolls zur Europäischen Menschenrechtskonvention:

„Das Recht auf Bildung darf niemandem verwehrt werden. Der Staat hat bei der Ausübung der von ihm auf dem Gebiet der Erziehung und des Unterrichts übernommenen Aufgaben das Recht der Eltern zu achten, die Erziehung und den Unterricht entsprechend ihren eigenen religiösen und weltanschaulichen Überzeugungen sicherzustellen."[50]

Die Europäische Menschenrechtskonvention (EMRK) ist die rechtsverbindliche Grundrechtedeklaration der Europäischen Union, an welche die Mitgliedstaaten gebunden sind und zu deren Einhaltung die Unionsbürger den Europäischen Gerichtshof in Straßburg anrufen können. Materiell gehen verschiedene UNO-Dokumente über Art. 2 hinaus. So anerkennt Art. 26 Allgemeine Erklärung der Menschenrechte das Recht jedes Menschen auf Bildung und das Recht der Eltern, über die Art der Bildung zu entscheiden.[51] Nach Art. 13 Internationaler Pakt über wirtschaftliche, soziale und kulturelle Rechte verpflichten sich die Vertragsstaaten, das Recht eines jeden auf Bildung sowie die Freiheit der Eltern zu achten, für ihre Kinder andere als öffentliche Schulen zu wählen, die den staatlichen Mindeststandards entsprechen müssen.[52] In Art. 28 Übereinkommen über die Rechte des Kindes wird schließlich das „Recht des Kindes auf Bildung" anerkannt; zur „Verwirklichung dieses Rechts auf der Grundlage der Chancengleichheit" verpflichten sich die Staaten, „den Besuch der Grundschule für alle zur Pflicht und unentgeltlich (zu) machen" und den Besuch weiterführender allgemein- und berufsbildender Schulen sowie Hochschulen zu ermöglichen.[53] Die demgegenüber eingeschränkten Bestimmungen der EMRK beinhalten folgende Individualrechtsgarantien:

---

[50] Zusatzprotokoll (vom 20. März 1952 [BGBl. II 1956, S. 1879]) zur [Europäischen] Konvention zum Schutz der Menschenrechte und Grundfreiheiten vom 4. November 1950, Art. 2, BGBl. II 1956, S. 686.

[51] Bundeszentrale für politische Bildung (Hrsg.), Allgemeine Erklärung der Menschenrechte vom 10. Dezember 1948, abgedruckt in: Menschenrechte: Dokumente und Deklarationen, Bonn 1995, S. 37.

[52] Vom 19. Dezember 1966, BGBl. II 1973, S. 1569.

[53] Vom 20. November 1989, BGBl. II 1992, S. 121.

(1) den Zugang zu den vorhandenen Bildungseinrichtungen und damit ggf. auch den Anspruch auf Kapazitätserweiterung, nicht jedoch einen Anspruch auf Einrichtung gewünschter Bildungsgänge oder -abschlüsse;

(2) das Recht auf Zertifizierung abgeschlossener Bildungsgänge;

(3) das Gebot der Toleranz, Pluralität und Objektivität des Unterrichts in den öffentlichen Schulen;

(4) das Elternrecht, Schulen in nichtstaatlicher Trägerschaft zu wählen; und – daraus abgeleitet –

(5) das Recht auf Errichtung und Betrieb nichtstaatlicher Schulen.

Die Übereinstimmung dieser Grundsätze mit den Garantien des Art. 7 Grundgesetz ist offenkundig.

IV. Recht auf Bildung im einfachen Bundesrecht

Im Rahmen der konkurrierenden Gesetzgebung kann der Bund bestimmte sozial- und ausbildungsrechtliche Kompetenzen wahrnehmen; insofern wird das Recht auf Bildung in verschiedenen Bundesleistungsgesetzen konkretisiert. Nach § 1 Kinder- und Jugendhilfegesetz[54] hat „jeder junge Mensch ... ein Recht auf Förderung seiner Entwicklung und auf Erziehung zu einer eigenverantwortlichen und gemeinschaftsfähigen Persönlichkeit". Dieses Recht findet seine Ausgestaltung in den Detailregelungen und individuellen Ansprüchen des Gesetzes wie beispielsweise im „Anspruch auf den Besuch eines Kindergartens" gemäß § 24. Einen umfassenden Rechtsanspruch auf Erziehung und Bildung konstituiert § 1 nicht. Staatliche Erziehungshilfe ist subsidiär; und das Gesetz ist auf seinen Leistungsbereich sowie die Zuständigkeiten des Bundes begrenzt. Ähnliches gilt für die Rechtsansprüche auf individuelle Ausbildungsförderung nach § 1 Bundesausbildungsförderungsgesetz oder auf Förderung der beruflichen Weiterbildung, der nach § 3 Sozialgesetzbuch Allgemeiner Teil jedem eingeräumt wird, der am Arbeitsleben teilnimmt oder teilnehmen will.[55] Der Anspruch wird durch das 1997 als Drittes Buch in das Sozialgesetzbuch integrierte Arbeitsförderungsgesetz näher ausgestaltet.[56]

---

[54] Vom 26. Juni 1990, BGBl. I S. 1163, in der Neufassung vom 15. März 1996, BGBl. I S. 477, zuletzt geändert am 29. Mai 1998, BGBl. I S. 1188.

[55] Bundesgesetz über die individuelle Förderung der Ausbildung in der Neufassung vom 6. Juni 1983, BGBl. I S. 645, zuletzt geändert am 25. Juni 1998, BGBl. I S. 1609; Sozialgesetzbuch (SGB) Allgemeiner Teil vom 11. Dezember 1975, BGBl. I S. 3015, zuletzt geändert am 16. Dezember 1997, BGBl. I S. 2998.

[56] SGB III – Arbeitsförderung vom 24. März 1998, BGBl. I S. 594.

Fast alle Landesschulgesetze enthalten ein Recht auf schulische Bildung; zum Teil nehmen sie Bezug auf die höherrangige landesverfassungsrechtliche Garantie.[57] Vereinzelt sind Elemente eines Rechts auf Bildung auch in den Hochschul- und Weiterbildungsgesetzen zu finden. Diese „Rechte auf Bildung" sind jeweils auf den gesetzlichen Regelungskontext bezogen und können in diesem Rahmen auch einklagbare Ansprüche enthalten. In den neueren Gesetzen werden, um eine extensive Auslegung durch die Rechtsprechung zu unterbinden, in der Regel die Form der Gewährleistung des Rechts und die Art möglicher Individualansprüche genau bezeichnet. So stellt § 1 Hamburger Schulgesetz unmißverständlich klar, daß das „Recht auf schulische Bildung" Ansprüche nur insoweit eröffne, als diese nach Voraussetzungen und Inhalt durch oder aufgrund dieses Gesetzes bestimmt sind.[58]

V. Recht auf Bildung und Elternrecht

Mit dem Recht auf Bildung korrespondiert das in Art. 6 Abs. 2 GG garantierte elterliche Erziehungsrecht: Als „konfessionelles" Elternrecht ist es auf die Entscheidung über die Teilnahme der unter vierzehnjährigen Kinder am Religionsunterricht und über den Besuch einer konfessionellen Schule gerichtet. Als „pädagogisches" Elternrecht ist es vor allem das Recht der Schullaufbahnentscheidung, insbesondere der Wahl der (staatlichen oder freien) Schule und der Schulart. Es enthält keinen Anspruch auf Beibehaltung oder Schaffung bestimmter Strukturen, Bildungsgänge, Inhalte oder Zertifikate. Überdies ist es auf Abwehr freiheitsbeschränkender Maßnahmen, antipluraler Unterrichtsinhalte und indoktrinierender Unterrichtsformen gerichtet. Das Elternrecht schließt einen Anspruch auf Information über die Unterrichtsarbeit und den Leistungsstand des eigenen Kindes ein. Schließlich garantiert es als „kollektives" Elternrecht Mitwirkung und Mitbestimmung in der Schule. Dem Elternrecht steht nach herrschender Lehre gleichrangig der staatliche Erziehungs- und Bildungs-

---

[57] Schulgesetze von Bayern, Berlin („Recht auf zukunftsfähige schulische Bildung"), Brandenburg, Bremen, Hamburg, Hessen, Mecklenburg-Vorpommern, Niedersachsen, Nordrhein-Westfalen (Allgemeine Schulordnung), Rheinland-Pfalz, Sachsen, Sachsen-Anhalt, Schleswig-Holstein und Thüringen, abgedruckt in: Schulrecht in Deutschland; Sammlung der Schulgesetze der Bundesrepublik Deutschland, Neuwied 1999 (Loseblattsammlung, Stand: 1999).
[58] Vom 10. April 1997, GVBl. S. 97; vgl. auch § 1 (Recht auf Bildung) Schulgesetzentwurf, in: Deutscher Juristentag: Schule im Rechtsstaat, Band 1. Entwurf für ein Landesschulgesetz, München 1981, S. 64.

auftrag gegenüber.[59] Während die rechtlichen Grenzen zwischen Elternrecht und staatlichem Erziehungsauftrag weitgehend geklärt sind, bestehen Abgrenzungsprobleme zwischen dem Elternrecht und den (Bildungs-)Grundrechten der Kinder und Jugendlichen. Grundsätzlich gibt es zwar Konsens darüber, daß das Elternrecht angesichts der mit dem Lebensalter wachsenden Grundrechtsmündigkeit der Jugendlichen zurückgedrängt werde. In der Praxis ist es im Dreiecksverhältnis von Schule, Eltern und Schülern indes schwierig zu entscheiden, wann welche schulisch-pädagogischen Entscheidungen nicht mehr von den Eltern, sondern von den Jugendlichen getroffen werden dürfen. Das „staatliche Wächteramt" jedenfalls erlaubt nur in Fällen krassen Mißbrauchs einen Eingriff in das Elternrecht.[60]

VI. Recht auf Bildung und Schulpflicht

Die Schulpflicht deckt einen Teil des Rechts auf Bildung ab; sie erfüllt das Recht auf Vermittlung des für ein menschenwürdiges Leben unverzichtbaren Minimums an Kenntnissen und Fähigkeiten. Sie ist nicht an den Besuch von Schulen in staatlicher Trägerschaft gebunden. Die Pflicht zum Schulbesuch ist Ausdruck des gesellschaftlichen Interesses an der allgemeinen und beruflichen Grundbildung aller im Geltungsbereich des Grundgesetzes lebenden Menschen. Die Schulpflicht sichert das Recht auf Bildung der Heranwachsenden gegenüber ihren Eltern wie dem Staat. Daß das Recht auf Bildung durch eine fehlende Schulpflicht beeinträchtigt sein kann, zeigt sich bei Asylbewerber- und Flüchtlingskindern, die in sieben Bundesländern unter Verstoß gegen höherrangiges Recht durch Verwaltungsvorschriften von der Schulpflicht ausgenommen sind und unbeschadet ihres „Bildungsrechts" oft nicht die Schule besuchen.[61]

---

[59] Zur Rechtsprechung vgl. z. B. BVerfGE 34, S. 165 und 47, S. 46; zur Literatur vgl. *Ingo Richter*, Alternativkommentar zum Grundgesetz, Neuwied 1994, Art. 7, Rz. 27.

[60] *Hans Heckel/Hermann Avenarius*, Schulrechtskunde, Neuwied 1986, S. 302–304.

[61] Näher dazu *Lutz R. Reuter*, Schulrechtliche und schulpraktische Fragen, S. 26–43 (Anm. 9); ders., Unterliegen Zuwandererkinder der Schulpflicht?, Recht und Schule 3, 1999, H. 1, S. 4–7; *Ursula Neumann/Lutz R. Reuter*, Alles was Recht ist, S. 224–243 (Anm. 46).

VII. Recht auf Bildung und Minderheitenrechte

Im Grundgesetz werden Minderheitengruppen nicht erwähnt. Der von der Gemeinsamen Verfassungskommission 1993 vorgeschlagene Art. 21b wurde vom Bundestag nicht angenommen; die Bestimmung staatlicher Pflichten zur Förderung von Sprache, Bildung und Kultur waren schon innerhalb der Kommission nicht konsensfähig gewesen. Der Gleichheitssatz nach Art. 3 Abs. 3 verbietet, daß jemand „wegen seines Geschlechts, seiner Abstammung, seiner Rasse, seiner Sprache, seiner religiösen oder politischen Anschauungen benachteiligt oder bevorzugt wird". Die Differenzierungsverbote stellen jedoch kein generelles Verbot der Ungleichbehandlung von Nichtdeutschen dar; Art. 3 Abs. 3 verbietet die willkürliche Differenzierung. Bei im Inland lebenden Ausländern ist in der Regel von einer völligen Gleichstellung mit Deutschen auszugehen, soweit es sich nicht um staatsbürgerliche Rechte handelt. Dies verbietet dem Staat nicht, Kinder von Zuwandererminoritäten wegen ihrer Ungleichheit etwa in bezug auf ihre Deutschkenntnisse ungleich zu behandeln, d. h. zum Besuch von Vorbereitungsklassen oder Förderunterricht zu verpflichten oder muttersprachlichen Unterricht anzubieten. Einige Landesverfassungen enthalten Bestimmungen zur Achtung und zum Schutz nationaler und ethnischer Minderheiten deutscher Staatsangehörigkeit[62]; allein die sächsische Verfassung erwähnt auch ausländische Zuwanderer[63]. Nur den autochthonen Minderheiten der Sorben, Dänen und Friesen werden von Verfassungs wegen Ansprüche auf sprachlich-kulturelle Förderung eingeräumt; die gleichfalls autochthonen Sinti und Roma haben bislang die volle Gleichstellung nicht erreicht. Das „Schulrecht für Zuwandererkinder" beruht bis heute weitgehend auf der Wanderarbeitrichtlinie der Europäischen Gemeinschaft von 1977 und dem Ausländerkinderbeschluß der KMK von 1979.[64] Beiden liegt immer noch die Doppelzielsetzung der Integrations- und Rückkehrförderung zugrunde. Im Rahmen der EU mag das für mobile Unionsbürger noch hinnehmbar sein, für den größten Teil der Zuwanderer in Deutschland ist dies ebenso wirklichkeitsfremd wie verfehlt. Die Schule kann diese Aufgabe nicht einmal für die quantitativ bedeutsamsten Herkunftsländer leisten. Gravierender ist, daß die rechtsstaatlichen Einwände zum Schulrecht für „Schüler, deren Muttersprache nicht Deutsch ist", die die Kommission Schulrecht des Deutschen Juristentages schon 1981 formuliert hatte, bis

---

[62] Verfassungen der Länder Brandenburg, Mecklenburg-Vorpommern, Sachsen, Sachsen-Anhalt und Schleswig-Holstein.

[63] Verfassung des Freistaates Sachsen vom 27. Mai 1992, Art. 5, GVBl. S. 243.

[64] Beschluß der Kultusministerkonferenz vom 8. April 1976 in der Fassung vom 26. Oktober 1979, KMK-Beschlußsammlung Nr. 899.1; näher *Lutz R. Reuter*, Schulrechtliche und schulpraktische Fragen, S. 26–43.

heute nicht ausgeräumt sind.[65] Erst drei Schulgesetze[66] enthalten grundlegende Aussagen zur Beschulung von Zuwandererkindern; zwei weitere Schulgesetze treffen Bestimmungen zur schulischen Versorgung der Kinder autochthoner Minderheiten (Sorben)[67], und ein Schulgesetz regelt die Finanzierung dänischer (Privat-)Schulen und den Rechtsanspruch auf Genehmigung dänischer Grundschulen[68]. In formeller Hinsicht verstoßen die Verwaltungsvorschriften gegen den Parlaments- und Gesetzesvorbehalt; in materieller Hinsicht haben Minderheitenkinder nicht einmal einen Rechtsanspruch auf Förderung in der Zweit- oder Zielsprache Deutsch und in ihrer Erstsprache; und ihr Grundrecht auf Zugang zum Schulwesen wird in verfassungswidriger Weise in mehreren Bundesländern unter den Vorbehalt der sächlichen und personellen Möglichkeiten gestellt.

VIII. Inhalte und Reichweite des Rechts auf Bildung

Das Recht auf Bildung erfährt besondere Aufmerksamkeit in Phasen des Umbruchs. Dies hat seinen Niederschlag gefunden in den Verfassungen der Nachkriegszeit („Recht auf Bildung nach individuellen Neigungen, Fähigkeiten und Begabungen" zur Legitimation der dreigliedrigen Schule), während des Transformationsprozesses der DDR („Recht auf Bildung als Recht und Pflicht der Erziehung zum sozialistischen Menschen"), in der bildungspolitischen Aufbruchphase Westdeutschlands („Aufstieg durch Bildung" und „Bildung als Bürgerrecht") und in der Phase des Umbruchs der DDR und der Wiederherstellung der Einheit („Recht auf Bildung als Pluralität der Schulträger, als freier Zugang zu den Bildungsstätten und als sozialstaatliche Bildungsgewährleistungspflicht").

So läßt sich am „Recht auf Bildung" die Ideengeschichte der Menschenrechte abbilden. Parallel zur rechtlichen Bändigung des absoluten Staates, zur Ausgrenzung separater Sphären von Staat und Gesellschaft, zur Demokratisierung des Staates, zum Ausbau des Sozialstaates und zur Entfaltung der Bürgergesellschaft differenziert sich das Verständnis von den Grund- und Menschenrechten: Neben die klassische Abwehrfunktion zum Schutz von Freiheit, Leben und Eigentum treten die gewährleistenden, integrativen und institutionellen Funktionen der Grundrechte. Als Freiheitsrecht verbietet das Bildungsgrundrecht die staatliche Verfügung über die Entfaltung und Verwirklichung der

---

[65] Deutscher Juristentag 1981, S. 66 (§ 4 Abs. 4 Schulgesetzentwurf), 152 f.
[66] Schulgesetze von Berlin, Hessen und Hamburg.
[67] Schulgesetze von Brandenburg und Sachsen.
[68] Schulgesetz von Schleswig-Holstein.

Menschen. Spätestens seit der Neuzeit werden Bildung und Erziehung nicht nur als familiäres, sondern auch als öffentliches Anliegen gedacht. Mit der Ablösung der kirchlichen Verantwortung für das Schulwesen erhält das Menschenrecht auf Bildung eine institutionell-gewährleistende Komponente. Der Staat etabliert Schulen, verpflichtet zum Schulbesuch und verfolgt so auch eigene Zwecke („Nationalbildung"). Mit der Demokratisierung des Staates richtet sich das Recht auf Bildung auf den freien Zugang aller zu allen Bildungsstätten. Freier Zugang gewährleistet jedoch noch nicht gleiche Bildungschancen. Ungleiche Chancen auszugleichen wird zur Sache des Versorgungsstaates. Die Demokratisierung des Staates transformiert soziale Wohltaten in individuelle Ansprüche. Die auch im Bildungsbereich offenkundig gewordenen Grenzen des Leistungsstaates sind Anstoß, die Balance der verschiedenen Funktionen neu zu bestimmen. Dazu gehört, aus einer neuen Perspektive[69] über Schulen in erweiterter Eigenverantwortung und über bürgerschaftlich getragene Schulen[70] nachzudenken: Das Recht auf Bildung erweitert sich um ein „Recht auf eine freie Schulverfassung".

IX. Zusammenfassung der Ergebnisse

(1) Für die etatistische deutsche Tradition auch im Bildungswesen steht § 155 Frankfurter Paulskirchenverfassung, der vor 150 Jahren postulierte: „Für die Bildung der deutschen Jugend soll durch öffentliche Schulen überall genügend gesorgt werden."[71] Denn „öffentliche Schulen" waren „staatlich veranstaltete Schulen". In derselben Versorgungstradition stehen die Art. 146 und 148 Weimarer Reichsverfassung, Art. 7 Grundgesetz, die Landesverfassungen und in spezifisch ausgeprägter Weise die Art. 25 und 26 DDR-Verfassung.

(2) Das Grundgesetz vollzieht zwar einen grundlegenden Perspektivenwechsel. Anders als in der Weimarer Reichsverfassung sind Menschenwürde und Grundrechte, nicht der Staat Ausgangspunkt des Textes. Der etatistische Be-

---

[69] Vgl. Deutscher Bildungsrat, Empfehlungen der Bildungskommission: Zur Reform von Organisation und Verwaltung im Bildungswesen, Teil 1: Verstärkte Selbständigkeit der Schule und Partizipation der Lehrer, Schüler und Eltern, Bonn 1973.

[70] Vgl. *Frank-Rüdiger Jach*, Schulverfassung und Bürgergesellschaft in Europa, Berlin 1999; vgl. auch *ders.*, Schulvielfalt als Verfassungsgebot, Berlin 1991; *Siegfried Jenkner* (Hrsg.), Das Recht auf Bildung und die Freiheit der Erziehung in Europäischen Verfassungen, Frankfurt/M. 1994; *ders.*, Die Schule in der freiheitlichen demokratischen Grundordnung der Bundesrepublik Deutschland, Hannover 1980.

[71] Reichsverfassung vom 28. März 1848, abgedruckt in: Deutsche Verfassungen, München 1972, S. 11–38.

zug bleibt jedoch bestehen. Das in den meisten deutschen Nachkriegsverfassungen enthaltene Recht auf Bildung ist Grundrecht oder Staatsziel, d. h. Anspruch gegen den Leistungsstaat bzw. Leitlinie seines Handelns. Das Recht auf Bildung ist liberales Grundrecht zur Abwehr von Freiheitsbeschränkungen und zugleich soziales Grundrecht auf Zugang zu und Bereitstellung von staatlichen Bildungseinrichtungen.

(3) Die Bildungsreformdebatte zwischen 1965 und 1975 hat vor allem die sozialstaatliche Dimension des Rechts auf Bildung entfaltet. Die Forderung nach lebenslangem Lernen dehnt das Recht auf Bildung auf alle Stufen des Bildungswesens aus. Die Forderung nach Chancengleichheit unterlegt dem Recht auf Bildung nicht nur Ansprüche auf gleiche Zugangschancen zu den Bildungseinrichtungen, sondern auch auf Ausgleich von Milieunachteilen im Verlauf des Bildungsprozesses und auf Nachbesserung der Lebenschancen durch berufliche Fortbildung, Umschulung und Rehabilitation. Die Zuspitzung dieser Entwicklung ist die Expansion des Rechts auf Bildung zum „Anspruch auf Selbstverwirklichung": Die Bildungsurlaubsgesetze der Länder gewähren Ansprüche auf bezahlte Arbeitsfreistellung nicht nur zur beruflichen, sondern auch zur politischen und allgemeinen Weiterbildung und dehnen sie so über die Sphäre des Staates hinaus auf die Betriebe aus.[72]

(4) Im Zentrum der verfassungsrechtlichen Bildungsreformdebatte steht das Grundgesetz. Die Art. 2, 3, 6, 7, 12 und 20 GG werden zur Grundlage sozialstaatlicher Grundrechtsfortbildung im Bereich der Bildung.[73] Konsens gilt drei Aspekten des Rechts auf Bildung:

– Als institutionelles Zugangsrecht berechtigt es zum uneingeschränkten Zugang zu den staatlichen Bildungseinrichtungen und im Falle von Überfüllung auf ein chancengerechtes Verteilungsverfahren. Eine absolute Zugangssperre zu allen Einrichtungen einer Bildungssystemstufe aus Gründen der Überfüllung ist ebenso verfassungswidrig wie der Ausschluß aufgrund von Geschlecht, Behinderung, Sprache, Religion oder Herkunft.

– Als institutionelles Entfaltungsrecht garantiert das Bildungsgrundrecht den Anspruch auf Entfaltung individueller Begabungen und Interessen

---

[72] *Ingo Richter*, Das Recht auf Weiterbildung, DÖV 40, 1987, S. 586–592; *Lutz R. Reuter,* Weiterbildungsrecht in der Mitte der neunziger Jahre: Eine kritische Bilanz, in: Klaus Ahlheim/Walter Bender (Hrsg.), Lernziel Konkurrenz? Erwachsenenbildung im „Standort Deutschland". Eine Streitschrift, Opladen 1996, S. 167–175.

[73] *Ingo Richter*, Bildungsverfassungsrecht (Anm. 12); Deutscher Juristentag 1981 (Anm. 58); *Lutz R. Reuter*, Rechtliche Grundlagen und Rahmenbedingungen, in: Christoph Führ/Carl-Ludwig Furck (Hrsg.), Handbuch der deutschen Bildungsgeschichte, Band VI: 1945 bis zur Gegenwart, Erster Teilband: Bundesrepublik Deutschland, München 1998, S. 35–57.

und Vermittlung der für das Leben in der Gesellschaft unabdingbaren Fähigkeiten und Kenntnisse.

- Als institutionelles Mitbestimmungsrecht garantiert es ein „partizipatorisches Grundmuster" der Bildungseinrichtungen, d. h. Ansprüche auf Beteiligung an den innerinstitutionellen Entscheidungsprozessen.

(5) Im Mittelpunkt des Entfaltungsrechts steht die individuelle Dimension der Bildung. Sein Gehalt ist konturenlos geblieben. Das Pluralitätsgebot tritt in erster Linie negatorisch auf als Verbot von Intoleranz und Indoktrination. Die Freiheitlichkeit der Bildung im Sinne der Vielfalt der Konzepte, Inhalte und Formen des Lernens und in deren Folge der Wettbewerb der Institutionen spielen im Grundrechtsdiskurs kaum eine Rolle. Für die Akteure wie für die Öffentlichkeit gab es nach 1945 weder im Osten noch im Westen Deutschlands Zweifel daran, daß der Staat das Bildungswesen zu ordnen, zu gestalten und zu unterhalten habe. Trotz der Pluralisierung der Gesellschaft hält der Staat bis heute am staatlich regulierten Bildungssystem fest, wobei die Regulierung stärker über Organisation und soziale Leistungen als über Inhalte erfolgte. Dadurch blieb das westdeutsche Bildungswesen im Vergleich mit dem ostdeutschen inhaltlich relativ offen für den sozialen und kulturellen Wandel.

(6) In den neunziger Jahren verstärkt sich die Kritik an der Effektivität und Effizienz des deutschen Bildungswesens. Ausländische Entwicklungen der Deregulierung des Schulwesens werden zumindest im Diskurs rezipiert. Angesichts der Krise der staatlichen Haushalte werden herkömmliche Lösungsansätze in Form staatlicher Reformen nicht mehr als tragfähig angesehen. Verglichen mit den siebziger Jahren findet ein Rollentausch statt: Waren es damals Bildungsreformer außerhalb der staatlichen Bildungspolitik, so sind es heute die staatlichen Akteure, die gegen die Einwände der Betroffenen das Verhältnis von Staat und Gesellschaft auch im Bereich des Bildungswesens neu zu bestimmen versuchen.

(7) Der soziale Wandel ist Anlaß, die „Schulaufsicht" des Staates und das Grundrecht auf Bildung neu zu denken.[74] Die Anspruchsdimension, das soziale Grundrecht, hat die Dimension der Eigenverantwortung, das Freiheitsrecht, überlagert. Neben die bisherigen Dimensionen des freien Zugangs, der individuellen Entfaltung und der gemeinsamen Mitwirkung tritt die Dimension der Freiheit der Bildung, verstanden als Pluralität der Träger, Institutionen, Konzepte, Inhalte und Methoden.

---

[74] Vgl. *Frank-Rüdiger Jach*, Schulverfassung und Grundgesetz: Plädoyer für eine Neufassung des Art. 7 GG, RdJB 38, 1990, S. 300–306.

(8) Artikel 7 Abs. 1 GG ist vom Kopf auf seine Füße, d. h. von der Allzuständigkeit des Staates auf die Basis einer trägerschaftlichen Pluralität unter staatlicher Rechtsaufsicht zu stellen. Dies bedeutet:

- Träger der Schulen können Schulgemeinden und freie gesellschaftliche Vereinigungen, politische Gemeinden, andere selbständige Körperschaften sowie die Länder sein.

- Die Länder bestimmen durch Schulgesetze und Rechtsverordnungen Mindeststandards in bezug auf Einrichtungen, Personal, Lernprogramme, Leistung, Prüfungswesen und Abschlüsse. Sie sichern den Zugang zu den Bildungseinrichtungen, Prüfungen und Abschlüssen. Sie sichern die Selbstverwaltungrechte der Institutionen und die Mitwirkungsrechte der Beteiligten.

- Die Länder finanzieren die sich selbstverwaltenden Schulen. Sie sind für die Gewährleistung der Mindeststandards durch „Aufsicht" in Gestalt von Beratung, Evaluation und Rechtskontrolle verantwortlich.

50 Jahre Grundrecht auf Errichtung freier Schulen

Johann Peter Vogel

Artikel 7 Abs. 4 Satz 1 des Grundgesetzes lautet: „Die Errichtung privater Schulen wird gewährleistet." Dem folgend sprechen wir von einer verfassungsrechtlichen „Errichtungsgarantie". Diese Gewährleistung wird mit den folgenden Sätzen 2 bis 4 eingeschränkt: „Schulen als Ersatz für öffentliche Schulen" bedürfen einer Genehmigung durch das zuständige Landesministerium; die Genehmigungsvoraussetzungen werden aufgezählt: das Nichtzurückstehen hinter staatlichen Schulen in den Lehrzielen, den Einrichtungen und in der wissenschaftlichen Lehrerausbildung, das Verbot einer Sonderung der Schüler nach ihren Besitzverhältnissen und die genügende wirtschaftliche und rechtliche Sicherung der Lehrer. Für „Volksschulen" fügt Abs. 5 eine weitere Einschränkung hinzu: Es gilt ein prinzipieller Vorrang der staatlichen „Volksschule"; deshalb muss bei Bekenntnis- oder Weltanschauungsschulen eine ausreichende Zahl von Anträgen der Eltern vorliegen, für andere Schulen muss ein besonderes pädagogisches Interesse anerkannt werden. Absatz 4 und 5 müssen auf dem Hintergrund des Abs. 1 gesehen werden; danach steht „das gesamte Schulwesen unter Aufsicht des Staates".

In der Stunde Null nach Kriegsende 1945 gab es in Deutschland praktisch keine Privatschulen mehr; die Nationalsozialisten hatten zunächst alle konfessionellen und Waldorfschulen, später auch Internatsschulen und berufsbildende Einrichtungen geschlossen oder verstaatlicht. Gleichwohl gab es nach dem Zusammenbruch keinen Neuanfang im eigentlichen Sinne; viele Schulträger hatten das „Dritte Reich" überlebt und eröffneten alsbald den Betrieb an alter Stelle; in Ostdeutschland freilich wurden eröffnete Schulen nach kurzer Zeit erneut geschlossen. Die Schulverwaltungen arbeiteten kontinuierlich, auch personell, weiter (so, wie wir das in Ostdeutschland nach 1989 erleben). Auch Art. 7 GG bot auf den ersten Blick nichts Neues, die Bestimmungen waren nahezu wörtlich aus der Weimarer Verfassung[1] übernommen worden. Das suggerierte Kontinuität von Schulrecht und Schulorganisation; die Landesgesetzgeber orien-

---

[1] Art. 147 WRV.

tierten sich bei der neuen Gesetzgebung an den Bestimmungen der Weimarer Zeit, die Ländervereinbarung der Kultusministerkonferenz (KMK) zum Privatschulwesen von 1951 übernahm wesentliche Inhalte aus den KMK-Vereinbarungen von 1928/1930. Sogar die Preußische Ministerialinstruktion von 1839, ein Dokument des Obrigkeitsstaates, galt – z. B. in Schleswig-Holstein – zunächst weiter. Die Regelungen des Art. 7 Abs. 4 GG kamen also bereits mit einem gerüttelt Maß an traditioneller Interpretation und Landesüberformung auf die Welt, ja, die neu eingefügte, bedeutsame Errichtungsgarantie wurde in den ersten Jahren ihrer Existenz kaum als solche zur Kenntnis genommen[2] und deshalb auch nicht Grundlage einer an sich notwendigen Neuorientierung.

Wenn wir nun den 50. Geburtstag des GG feiern, dürfen wir fragen, in welcher Weise sich die Errichtungsgarantie bis heute entwickelt hat, wie sie ausgestaltet worden ist? Können wir die Tatsache, dass in Deutschland so viele Schulen in freier Trägerschaft bestehen, dass mehr als eine halbe Million Schüler sie besuchen, als ein Zeichen dafür sehen, dass der Grundrechtsschutz funktioniert? Oder lässt die Tatsache, dass dies nur 5 % (im Osten nur 1,7 %) der Schülerschaft sind und dass Deutschland damit in Europa am hinteren Ende der Skala liegt, eher das Gegenteil vermuten?

I. Bestandsaufnahme

Die Entwicklung des Rechts der freien Schulen möchte ich am Beispiel von sechs Bereichen darstellen: der Interpretation der Gewährleistung, des Ersatzschulbegriffs, der Genehmigungsvoraussetzungen, der besonderen Genehmigungsvoraussetzungen für „Volksschulen", der Berechtigungen und der Finanzhilfepflicht.

1. Die Aufsicht über das gesamte Schulwesen und die Gewährleistung, Schulen zu errichten

Nach Art. 7 Abs. 1 GG hat der Staat die „Aufsicht über das gesamte Schulwesen"; dem steht das Grundrecht auf Errichtung von Schulen in freier Trägerschaft nach Art. 7 Abs. 4 und 5 GG gegenüber. Diese Paarung findet sich seit

---

[2] Typisch *Hermann von Mangoldt/Friedrich Klein*, Das Bonner Grundgesetz. 1966, Art. 7, Anm. VI 1: „Das frühere Schulrecht ... ging vom eindeutigen Vorrang der öffentlichen Schule aus. Durch die Gewährleistung des Rechts zur Errichtung von privaten Schulen ... ist an dieser Rechtslage nichts Grundsätzliches geändert worden."

dem Preußischen Allgemeinen Landrecht von 1794[3] in der deutschen Staatsgesetzgebung. Ein staatliches Schulmonopol gab es in Deutschland nie; allerdings waren die Gewichte unterschiedlich. Das Grundgesetz übernimmt in Abs. 1 die Formulierung der Weimarer Verfassung, fügt aber der Weimarer Bestimmung hinsichtlich der Privatschulen ein Grundrecht hinzu; es ist deshalb nicht abwegig, daraus eine deutliche Verstärkung zugunsten der Privatschulen abzuleiten.

Sie muss allerdings auf dem Hintergrund der Interpretation der Staatsaufsicht des Abs. 1 gesehen werden. Denn auch wenn beide Verfassungen nicht mehr normieren, dass Schule „Sache des Staates" sei[4], wird doch „Aufsicht" in der Tradition des 19. Jahrhunderts weiterhin umfassend in diesem Sinne verstanden[5]: Schule als „Hausgut" des Staates, als rechtsfreies „besonderes Gewaltverhältnis" ragt bis in die Zeit des Grundgesetzes hinein und muss erst durch die Rechtsprechung des Bundesverfassungsgerichts (1976[6]) rechtsstaatlich parlamentarisch gebunden werden. Aber immer noch organisiert und betreibt der Staat das staatliche Schulwesen nach im wesentlichen von den Schulverwaltungen vorgelegten und parlamentarisch beschlossenen Gesetzen; er bestimmt seine Inhalte; er bildet auch die Lehrer aus und privilegiert sie durch Verbeamtung. Über all das wacht er, und seine Überwachung erstreckt sich auch, wenngleich abgemildert, auf die Privatschulen. Versuche, die „Aufsicht" auf das zu reduzieren, was sie im Wortsinne ist, sind bis heute ohne Erfolg geblieben[7]; allerdings hat jüngst (1995[8]) die sogenannte Autonomie-Debatte eine gewisse Selbstgestaltung der staatlichen Einzelschule in Gang gebracht – freilich in dem engen Rahmen, den das Bundesverfassungsgericht mit der Forderung nach voller demokratischer Legitimation aller Entscheidungen gezogen hat[9]. Auch wenn, wie gesagt, die Aufsicht gegenüber Schulen in freier Trägerschaft, verglichen mit der über staatliche Schulen, verfassungsrechtlich eingeschränkt ist, so färbt doch die umfassende Herrschaft über staatliche Schulen auf die Aufsicht über freie Schulen ab: Es sind dieselben Beamten, in der Regel aus der staatlichen Lehrerlaufbahn, die die Aufsicht über beide Schulkategorien führen und dabei Umfang und Einheitlichkeit der Aufsicht auf freie Schulen übertra-

---

[3] Preuß. ALR §§ 1 ff. II 12: dazu *Johann Peter Vogel,* Verfassungswille und Verwaltungswirklichkeit im Privatschulrecht, RdJS 1983, S. 170 ff.

[4] Preuß. ALR § 1 II 12: Hessische Verfassung 1946 Art. 56 (1) Satz 2.

[5] BVerfGE 26, 228 ff.; 47, 46 ff.; ständ. Rspr. und herrschende Lehre – s. *Hans Hekkel/Hermann Averiarius,* Schulrechtskunde 6, 1986, S. 164 ff.

[6] BVerfGE 33, 1 ff. zum Strafvollzug; zum Schulverhältnis BVerfGE 41, 251 ff.; 45, 400 ff.; ständ. Rspr.

[7] Zuletzt *Frank-Rüdiger Jach,* Schulvielfalt als Verfassungsgebot, Berlin 1991; mit weiteren Nachweisen.

[8] Bildungskommission NRW, Zukunft der Bildung – Schule der Zukunft, 1995.

[9] BVerfGE 93, 27 ff.; teilweise abweichend BayVerfGH, DVBl 1995, 419 ff. und HessStGH, HessStAnz 1995, 3391 ff.

gen. Sogar das Bundesverfassungsgericht hat festgestellt (1992[10]), dass der Staat in seinen Eigenschaften als weit überwiegender Schulbetreiber und Herr der gesamten Schulaufsicht im Umgang mit freien Schulen „keine neutrale Stellung einnimmt".

Dass die Errichtungsgarantie gegenüber der Weimarer Verfassung verstärkt ein Verbot der Bedürfnisprüfung bei der Zulassung freier Schulen zum Ausdruck bringt, war herrschende Meinung der Rechtsliteratur seit 1950[11]. Aber obwohl diese herrschende Meinung auch schon in der Weimarer Zeit galt[12], lebte in Preußen die Bedürfnisprüfung in der Ministerialinstruktion 1839 weiter, in Bayern konnte sie noch erneut normiert werden[13] und galt bis in die Geltungszeit des GG – ein Instrument, das den Nationalsozialisten die Beseitigung der Privatschulen sehr erleichterte. Noch Anfang der 90er Jahre gab es in den neuen Bundesländern (aus dem Westen kommende) Schulminister, die die Meinung vertraten, dass der Träger zwar das Recht habe, Schulen in freier Trägerschaft zu gründen, nicht aber den Ort bestimmen dürfe, wo die Schule gegründet werden solle. Das umstürzend Neue der Gewährleistung, Schulen in freier Trägerschaft zu gründen und zu betreiben, ist vom Bundesverfassungsgericht zwar schon 1969 angedeutet, aber erst im Finanzhilfe-Urteil 1987[14] voll entwickelt worden, nachdem *Friedrich Müller* mit seinen Beiträgen zum Recht der freien Schulen (ab 1980[15]) dazu den dogmatischen Grund gelegt hatte.

Die Gewährleistung wurde nun als eine sehr intensive Sicherung der Privatschulfreiheit verstanden und bis hin zu einer Förderung der Schulen auf dem Wege einer aus der Gewährleistung entwickelten verfassungsrechtlichen Leistungspflicht des Staates ausgebaut. Diese starke Sicherung wurde nicht nur dem Wortverständnis von „gewährleisten" entnommen, sondern auch aus der Funktion des Grundrechts auf Errichtung abgeleitet: Die im Grundgesetz verankerten bürgerlichen Individualgrundrechte, vor allem das Elternrecht, weisen auf ein Schulwesen hin, das eine diesen Individualrechten entsprechende Vielfältigkeit besitzen muss. Funktion der Errichtungsgarantie ist es mithin, diese von der Verfassung gewollte Vielfalt im Schulwesen zu verwirklichen[16].

---

[10] BVerfGE 88, 40 ff. – C III 1.

[11] *Hans Heckel*, Deutsches Privatschulrecht, Berlin/Köln 1955, S. 231 f.

[12] *Walter Landé*, Die Schule in der Reichsverfassung, Berlin 1929, S. 55; *Gerhard Anschütz*, Die Verfassung des Deutschen Reiches vom 11.8.1919, 12/1930. Art. 147 Anm. 2; Ländervereinbarung 1928/30 § 4.

[13] § 5 (2) BayEUV 1933 – noch ohne nationalsozialistischen Einfluss.

[14] BVerfGE 27, 195 ff.; 75, 40 ff.

[15] *Friedrich Müller*, Das Recht der Freien Schule nach dem Grundgesetz, 1/1980; ders. mit *Bodo Pieroth/Lothar Fohmann*, Leistungsrechte im Normbereich einer Freiheitsgarantie, Berlin 1982.

[16] BVerfGE 75, 40 ff. – C II 2a.

Damit kommt die öffentliche Aufgabe der Schulen in freier Trägerschaft in Sicht, die lange – und übrigens weithin auch heute noch – durch die traditionelle, dem 19. Jahrhundert entstammende Bezeichnung „Privatschule" und durch die Monopolisierung des Begriffs „öffentliche Schule" auf staatliche Schulen verstellt ist[17]. Es ist Aufgabe dieser Schulen, mit ihren individuellen Bildungsangeboten an der Verwirklichung eines vielfältigen, insgesamt öffentlichen Schulwesens „neben staatlichen Schulen und an ihrer Stelle" mitzuwirken[18]. Diese Unverzichtbarkeit der freien Schulen in einem demokratischen Schulwesen ist der entscheidende Grund für die Gewährleistung.

Das Bundesverfassungsgericht hat damit zwar spät, aber gründlich die Errichtungsgarantie dem Grundsatz nach entfaltet. Leider blieb es – und mit ihm die übrige Rechtsprechung – dann immer wieder hinter dieser Einsicht zurück, wenn es sich um konkrete Konsequenzen handelte.

2. Die Definition der Ersatzschule

Die Tatsache, dass das GG wie auch schon die Weimarer Verfassung Schulen als Ersatz für staatliche Schulen heraushebt, weist darauf hin, dass es außer diesen „Ersatzschulen" noch weitere freie Schulen gibt, die dies nicht sind. Für diese hat sich die Bezeichnung „Ergänzungsschule" eingebürgert. Eine dritte Kategorie von Schulen in freier Trägerschaft gibt es nicht. Leider hat das Bundesverwaltungsgericht[19] es für verfassungskonform erachtet, dass in Niedersachsen bestimmte Schulen für Heilhilfsberufe von den landesgesetzlichen Regelungen für Schulen in freier Trägerschaft ausgeschlossen sind, also ohne gesetzliche Grundlage bleiben und deshalb weder Ersatz- noch Ergänzungsschulen werden können; es genügte dem Gericht, dass diese Schulen unter bestimmten gesetzlich festgelegten Umständen in die Privatschulregelungen einbezogen werden können (Öffnungsklausel). Die direkte Anwendung des Art. 7 Abs. 4 GG auf diese Schulen schloss das Gericht wegen des entgegenstehenden Willens des Landesgesetzgebers aus; eine Vorlage an das Bundesverfassungsgericht lehnte es wegen der vorhandenen Öffnungsklausel ab. Eine solche Auffassung überlässt freie Schulen der uneingeschränkten Disposition der Landesgesetzgeber.

Was eine „Ersatzschule" ist, wird in Art. 7 Abs. 4 GG nicht definiert. Diese Frage ist auch nicht allein bundesverfassungsrechtlich zu beantworten, sondern

---

[17] Dazu *Johann Peter Vogel*, Nachdenken über einige Grundbegriffe des Rechts der freien Schulen, RuS 1998, Sonderheft Nr. 1, S. 5 ff.

[18] BVerfGE 75, 40 ff. – C II 2; zuvor schon BVerwGE 17, 41; 27, 360 ff.

[19] BVerwGE vom 28.05.1997, SPE 238, S. 146 ff. Dazu *Johann Peter Vogel*, Verwirrendes zum Ersatzschulbegriff, SchuR 4, 1999, S. 53 ff. (55).

in einem gewissen Umfang auch vom Landesrecht her zu bestimmen. Deshalb stehen sich seit längerem zwei Auffassungen gegenüber: die des Bundesverfassungsgerichts, wonach Ersatzschule eine Schule ist, „die nach dem mit ihrer Errichtung verfolgten Gesamtzweck als Ersatz für eine im Land vorhandene oder grundsätzlich vorgesehene staatliche Schule dienen soll"[20], und die Auffassung der Landesgesetzgeber, die schon aus der Weimarer Zeit, ja aus der Ministerialinstruktion 1839 stammt, wonach Ersatzschulen nur solche Schulen sind, die im Katalog der staatlichen Schulformen des Landes vorgesehen sind[21]. Strittig ist also der Grad der Akzessorietät der Ersatzschule[22] zur entsprechenden staatlichen Schulform.

Eine erste Schwierigkeit bietet die traditionelle Bezeichnung „Ersatz". Sie wurde in der Weimarer Zeit bewusst gewählt, um eine enge Akzessorietät auszudrücken: Eine Ersatzschule war die, die eine fehlende staatliche Schule ersetzte; entsprechend eng war ihr Spielraum für eine besondere Prägung. Zugleich bezeichnete der Begriff nach Auffassung der damaligen Literatur einen Nachrang gegenüber der Staatsschule[23]. Entnimmt man aber der Errichtungsgarantie des GG ein mit staatlichen Schulen gleichrangiges Zusammenwirken im Herstellen von Vielfalt im Schulwesen[24], lässt dies auf ein weitergehendes Verständnis von Akzessorietät schließen. Entsprechend hat das Bundesverfassungsgericht Waldorfschulen nicht als Ergänzungsschulen, sondern als Ersatzschulen eingeordnet, obwohl es keine der Waldorfschule entsprechende staatliche Schulart gibt. Es kommt dem Gericht lediglich darauf an, dass der Besuch der Schule zu gleichen Abschlussformen führt und für dieses Ziel „im Kern gleiche Kenntnisse und Fertigkeiten" vermittelt wie an entsprechenden Staatsschulen[25].

Manche Landesgesetzgeber haben der Schulverwaltung ein Dispositionsrecht eingeräumt, auf dem Verordnungswege gegebenenfalls Ergänzungsschulen zu Ersatzschulen umzuwandeln, auch wenn es keine staatlichen Pendants gibt[26]. Der baden-württembergische VGH und ihm folgend das BVerfG haben dies akzeptiert[27], obwohl dieses Vorgehen auch die Gefahr in sich birgt, dass die freie Errichtung von Ergänzungsschulen durch die höheren Anforderungen, die an Ersatzschulen gestellt werden, eingeschränkt wird. Eine weitere, noch gravierendere Gefahr ist die, dass die so kreierten „Ersatzschulen kraft Landesrechts"

---

[20] BVerfGE 27, 195 ff.; 75, 40 ff.; ständ. Rspr.
[21] Z. B. §§ 3 Ländervereinbarung 1951, 104 (2) DJT-SchGE.
[22] *Hermann Avenarius*, in: DJT, Schule im Rechtsstaat. Bd. II 1980, S. 153 ff.
[23] *Walter Landé*, S. 149 f.
[24] BVerfGE 75, 40 ff. – C II 2a.
[25] BVerfGE 90, 128 ff. – C I 1; 90, 107 ff. – B II 1.
[26] § 3 (2) PSchG BW, § 175 (4) SchG He.
[27] VGH BW vom 15.02.1991, SPE 236, S. 93 ff.

der Errichtungsgarantie des GG und damit einer verfassungsrechtlichen Finanzhilfepflicht des Landes entzogen werden könnten. Eine Notwendigkeit für ein derartiges Dispositionsrecht liegt nicht vor: Zum einen ist der Rahmen vom Bundesverfassungsgericht vorgegeben, zum anderen könnte der Landesgesetzgeber, wenn er den Rahmen überschreiten und damit den Kreis der genehmigungspflichtigen Ersatzschularten erweitern möchte, dies durch Gesetzgebung tun. In jedem Fall handelt es sich dann um Ersatzschulen i. S. des Art. 7 Abs. 4 GG.

3. Die Ausgestaltung der Genehmigungsvoraussetzungen

Die Genehmigungsvoraussetzungen für Ersatzschulen sind fast wortgleich und ohne zusätzliche neue Bedeutung aus der Weimarer Verfassung übernommen worden. Obwohl der Text ein wenig altertümlich klingt, ist er doch ohne weiteres verständlich, und man sollte annehmen, dass hier keine Interpretationsschwierigkeiten auftreten. Es sind drei klar unterschiedene Voraussetzungen:

– das Nichtzurückstehen hinter entsprechenden staatlichen Schulen in drei Bereichen: den Lehrzielen, den Einrichtungen und in der wissenschaftlichen Ausbildung der Lehrkräfte;

– das Verbot der Sonderung der Schüler nach ihren Besitzverhältnissen;

– die genügende rechtliche und wirtschaftliche Sicherung der Lehrkräfte.

Zu den zusätzlichen Genehmigungsvoraussetzungen für „Volksschulen" folgen Ausführungen unter 4.

Darüber, dass das *Nichtzurückstehen* das Recht des Schulträgers auf eigene Gestaltung seiner Schule enthält, gibt es keinen Streit. Eine liberale Schulverwaltung wie die Hessens hat dieses Gestaltungsrecht sogar gesetzlich positiv umschrieben: „Soweit ... nichts anderes bestimmt, obliegt den Trägern ... die Schulgestaltung, insbesondere die Entscheidung über eine besondere pädagogische, religiöse oder weltanschauliche Prägung, die Festlegung der Lehr- und Unterrichtsmethoden und der Lehrinhalte und die Organisation des Unterrichts auch abweichend von den Vorschriften für die öffentlichen Schulen."[28] Gleichwohl hat die Tradition des Obrigkeitsstaates dieses Nichtzurückstehen in den genannten drei Bereichen ausgeweitet auf eine Angleichung an den gesamten „äußeren und inneren Schulbetrieb" einer entsprechenden staatlichen Schule[29]. In Sachsen-Anhalt wird das Schulgesetz mit allen Bestimmungen auf Schulen in

---

[28] § 167 SchG He 1992; ihm folgend die entsprechenden ostdeutschen Bestimmungen; Sachsen-Anhalt allerdings bezeichnenderweise ohne Nennung der „Inhalte".

[29] Z.B. § 2 2. DVO PSchG B.

freier Trägerschaft erstreckt[30] und entsprechend in Genehmigungsurkunden angeführt. Aus einer auf einzelne Bereiche beschränkten Prüfung der Voraussetzungen wird so eine Überprüfung der gesamten Schule. Die „Lehrziele" weiten sich aus auf die Lehrpläne; Bayern schreibt ihre Einhaltung in seinen Genehmigungsurkunden ausdrücklich vor. Unter „Einrichtungen" werden nicht nur die baulichen, sondern auch die organisatorischen Einrichtungen vom Klassenverband über die Stundentafeln bis zur Mitwirkung der Beteiligten in der Schule verstanden[31]. Die „wissenschaftliche Ausbildung der Lehrer" wird auf die gesamte Lehrerausbildung und auf die Struktur der staatlichen Lehrerbildung ausgedehnt[32].

Obwohl Einigkeit insofern besteht, dass „Nichtzurückstehen" Gleichwertigkeit gegenüber den Gegebenheiten der entsprechenden staatlichen Schule bedeutet und dies vom Bundesverfassungsgericht nachdrücklich herausgestrichen wird[33], besteht die Neigung, der Gleichartigkeit einen höheren Rang einzuräumen. In Landesgesetzen liest sich das so: „Die Anforderungen an die Ausbildung der Lehrer sind erfüllt, wenn eine fachliche und pädagogische Ausbildung sowie Prüfungen nachgewiesen werden, die der Ausbildung und den Prüfungen der Lehrkräfte an den entsprechenden öffentlichen Schulen *gleichartig sind oder* ihnen im Wert gleichkommen."[34] Die Genealogie solcher Formulierungen von der Ministerialinstruktion 1839 über die KMK-Vereinbarungen 1928/30 ist leicht nachzuweisen[35].

Friedrich Müller hat im übrigen der Formulierung des GG, die Schule dürfe hinter den Anforderungen an staatliche Schulen „nicht zurück stehen", eine „Argumentationslastverteilung" entnommen; eine Genehmigung dürfe nur dann verweigert werden, wenn die Schulverwaltung begründete Zweifel hat; solange dies nicht der Fall ist, gelte der Satz: „Im Zweifel für das Freiheitsrecht"[36] – die Verwaltungspraxis freilich bürdet dem Antragsteller die gesamte Beweispflicht auf.

Das *Sonderungsverbot* ist von den Schulverwaltungen stets großzügig behandelt worden. Vergab die Schule Stipendien oder Schulgeldnachlässe, wurde die Höhe des Schulgeldes nicht kritisiert. Erst 1987 hat das Bundesverfassungs-

---

[30] § 2 (1) SchG SA.

[31] Z. B. § 2 2. DVO PSchG; *Dieter Galas/Wilhelm Habermalz/Frank Schmidt,* Niedersächsisches Schulgesetz. 3/1998, § 144, Anm. 1 zu a.

[32] S. die „Fliegenbeinzählerei" in den Entscheidungen OVG Münster vom 20.03.1992, SPE 240, S. 19 ff.; vom 07.04.1992, SPE 240, S. 30 ff.

[33] BVerfGE 27, 195 ff. – D I 1; 75, 40 ff. – C II 2a.

[34] Art. 94 (1) Bay EUG.

[35] Dazu *Johann Peter Vogel,* Verfassungswille und Verwaltungswirklichkeit, S. 170 ff. (178 f.).

[36] *Friedrich Müller,* Das Recht der Freien Schule, 2/1982, S. 138 ff.

gericht das Sonderungsverbot eindeutiger bestimmt: gemeint sei die freie Zugänglichkeit der Ersatzschule ohne Rücksicht auf die finanzielle Situation der Schüler/Eltern; einzelne Stipendien genügten nicht[37]. Würde diese Auffassung so ernst genommen, wie dies einem Spruch des Bundesverfassungsgerichtes zukommt, müssten vermutlich viele Ersatzschulen um ihre Genehmigung bangen; die öffentlichen finanziellen Beiträge sind so knapp bemessen, dass zur Deckung der existenznotwendigen Kosten hohe Schulgelder erhoben werden müssen. Dies, obwohl es in Deutschland keine Schule gibt, die über hohe Schulgelder Exklusivität herstellen will. Auf den Finanzhilfeanspruch komme ich noch zurück (unter 6.).

Ohne *genügende Sicherung der Lehrer* kann eine Genehmigung nicht erteilt werden. Auch hier wieder hat *Friedrich Müller* den Text genau gelesen und vertritt die Auffassung, dass die Bezüge so bemessen sein müssen, dass die Lehrertätigkeit standesgemäß hauptberuflich ausgeübt werden kann[38]. In den Landesgesetzen wird die Bestimmung gewerkschaftlich ausgeweitet, indem aus der „genügenden wirtschaftlichen Sicherung" eine Verpflichtung zu einer der staatlichen Besoldung gleichartigen oder im wesentlichen gleichartigen Vergütung gemacht wird[39]. Derartige Forderungen irritieren vor allem dann, wenn gleichzeitig die öffentliche Finanzhilfe gekürzt wird.

Zusammenfassend: Es gibt – abgesehen vom Sonderungsverbot – keine Genehmigungsvoraussetzung, die nicht im Sinne der Anpassung an staatliche Schulverhältnisse gehandhabt würde.

Sind die Voraussetzungen erfüllt, besteht ein *Anspruch auf Genehmigung.* Dies folgt aus der Errichtungsgarantie. Obwohl dies unstrittig ist, erteilt Berlin, solange die Schule nicht voll ausgebaut ist, aber alle Genehmigungsvoraussetzungen erfüllt sind, nur eine geringerwertige „vorläufige Genehmigung"; erst nach einem weiteren Genehmigungsverfahren nach Ausbau der Schule wird dann die volle Genehmigung erteilt[40]. Dass diese Regelung noch gilt, ist nur der Tatsache zu verdanken, dass der Ausbau schneller beendet ist als ein denkbares Normenkontrollverfahren beim Bundesverfassungsgericht. Der Landesgesetzgeber ändert die Regelung von sich aus nicht, obwohl ihm die Verfassungswidrigkeit bekannt ist. Immerhin hat er 1998 die nachteiligen Konsequenzen der „vorläufigen Genehmigung" für die Finanzhilfe wenigstens gemildert, das Institut aber aufrechterhalten[41].

---

[37] BVerfGE 75, 40 ff. – C II 2b.
[38] *Friedrich Müller*, Das Recht der Freien Schule, 2/1982, S. 155 ff.
[39] Z. B. §§ 121 (3) SchG Bbg; 145 (2) SchG Ns; besonders weitgehend § 37 (3) d SchOG NW.
[40] § 4 (5) PSchG B.
[41] § 8 (6) PSchG B 1998.

4. Die Errichtung von „Volksschulen"

Die Errichtungsgarantie wird noch in einem weiteren Punkt eingeschränkt: im Falle der im GG so genannten „Volksschulen". Diese bereits in der Weimarer Verfassung vorfindliche Regelung ging vom Grundsatz der staatlichen Volksschule als bekenntnisneutraler koedukativer Schule für alle gesellschaftlichen Schichten und Klassen aus, wie sie von der Weimarer Verfassung eingeführt worden war. Lediglich die Kirchen konnten für ihre Schulen eine Durchbrechung dieses Prinzips durchsetzen. Entsprechend genügten für Bekenntnisschulen das Vorliegen eines Bekenntnisses und ein Antrag der Eltern, die ihre Kinder in diese Schule schicken wollten. Den Bekenntnissen wurden die Weltanschauungen gleichgestellt. Andere „Volksschulen" konnten nur errichtet werden, wenn die Schulverwaltung ein besonderes pädagogisches Interesse anerkannte. Aus der Anerkennung schloss man, dass der Schulverwaltung dabei ein unbegrenztes Ermessen zustünde[42].

Das Grundgesetz übernahm diese Regelungen in Art. 7 Abs. 5 einschließlich der dazu gebildeten Interpretation, obwohl berechtigte Zweifel bestehen konnten, ob die gesellschaftliche Situation der Bundesrepublik mit ihren weitgehend nivellierten Klassenunterschieden nach Nationalsozialismus und Zusammenbruch einen Vorrang der staatlichen Volksschule noch rechtfertige. Außerdem stieß die Regelung auf eine veränderte Schulwirklichkeit: Die Volksschule zerfiel in die Grundschule der Primarstufe und der Hauptschule als eine von mehreren weiterführenden Schulformen der Sekundarstufe; vielfach schob sich die Orientierungs- oder Förderstufe dazwischen. Zudem konnte die Hauptschule zunehmend weniger für sich in Anspruch nehmen, den größten Teil der Schüler zu unterrichten.

Erst 1992 hatte das Bundesverfassungsgericht Gelegenheit, diese Rechtssituation zu überprüfen[43]. Seine Ergebnisse:

– Der Vorrang der staatlichen Grundschule wird aufrechterhalten mit der etwas dünnen, traditionsverhafteten Begründung, eine Phase gemeinsamer Erziehung und Unterrichtung aller Bevölkerungsschichten vermeide mögliche soziale Reibungen. Dies wird aber auf die Grundschule beschränkt als die Schulform, die tatsächlich von allen Schülern besucht wird. Ein solcher Vorrang gilt allenfalls noch für eine flächendeckende Förder- oder Orientierungsstufe, nicht aber für die Hauptschule, die Sekundarschulformen der neuen Bundesländer oder gar die Sonderschule.

---

[42] *Hans Heckel,* S. 290 ff. Herrschende Meinung, zuletzt BVerwGE vom 10.12.1986, SPE 238, S. 2 ff.
[43] BVerfGE 88, 40 ff.

– Das besondere pädagogische Interesse ist ein unbestimmter Rechtsbegriff; die Ablehnung seiner Anerkennung muss gerichtlich überprüfbar begründet werden. Das besondere pädagogische Interesse setzt einen pädagogischen Neuansatz voraus, dessen öffentliches Interesse rechtfertigt, dass der Vorrang der staatlichen Grundschule durchbrochen wird. Das öffentliche Interesse ist weder das Interesse der Schulverwaltung noch der Betreiber oder Eltern, sondern die Bereicherung der Pädagogik, die sich unter Heranziehung aller erziehungswissenschaftlichen Strömungen ergibt. Das freie Ermessen der Schulverwaltung schrumpft damit auf einen Beurteilungsspielraum, in dem eine Abwägung unter den vorhandenen Konzeptionen und der geplanten stattfindet. Die so beschriebene Konzeption darf auch in einer größeren Zahl von Schulen verwirklicht werden. Allerdings darf dadurch keine Flächendeckung entstehen. Der Bayrische Verwaltungsgerichtshof[44] hat dazu ein Modell entwickelt, das von Schuleinzugsgebieten von 20 bis 30 km im Umkreis ausgeht, die keine zusammenhängende Fläche bilden dürfen.

Das Bundesverfassungsgericht erledigte mit seiner Entscheidung die bis dahin geltende Rechtsauffassung und Verwaltungspraxis. Freilich hat sich die Ländergesetzgebung noch nicht überall auf diese neue Situation eingestellt; die Verwaltungspraxis einzelner Länder erschwert nach wie vor die Gründung von Grundschulen, indem sie überhöhte Ansprüche an die vorgelegten Konzeptionen stellt. Aber insgesamt ist ein Maßstab gesetzt worden, der der Ausstrahlung der Errichtungsgarantie entspricht.

5. Die Erteilung öffentlicher Berechtigungen

Aus der Formulierung „Schulen als Ersatz für öffentliche Schulen" wurde bis 1969 vielfach geschlossen, es gehöre zur „Ersetzung" durch eine gleichwertige Schule, dass eine der wichtigsten Befugnisse von Schule: das Erteilen öffentlicher Berechtigungen, also von Zeugnissen mit öffentlicher Wirkung, mit der Genehmigung als Ersatzschule verbunden sei[45], so, wie auch die Schulpflichterfüllung mit der Genehmigung verbunden ist. Der nordrhein-westfälische Ge-

---

[44] BayVGH vom 09.04.1997, SPE 238, S. 170 ff.; dazu *Johann Peter Vogel,* Zur Errichtung von Grundschulen in freier Trägerschaft, DÖV 1995, S. 587 ff.; *Bernd Jean-d'Heur,* in: Frank-Rüdiger Jach/Siegfried Jenkner, Autonomie der staatlichen Schule und freies Schulwesen, Berlin 1998, S. 105 ff.; VG München vom 12.01.1998, SchuR 5, 1998, S. 72 ff.

[45] *Hans Heckel,* S. 49 f., 288; *Theodor Maunz,* in: Maunz/Dürig/Herzog/Scholz, Grundgesetz, München (Stand der 25. Ergänzungslieferung 1987) Rdnr. 81 zu Art. 7; *Hans Peters,* in: Bettermann/Nipperdey/Scheuner, Die Grundrechte, Berlin 1960, Bd IV/1, S. 436 ff.

setzgeber hat dies auch von Anfang an so geregelt, dabei allerdings gleichzeitig die Genehmigungsvoraussetzungen der Ersatzschule verfassungsrechtlich bedenklich hin auf eine Anpassung an entsprechende staatliche Schulformen ausgeweitet[46]. Die übrigen Länder knüpfen die öffentlichen Berechtigungen an eine Anerkennung, für die erforderlich ist die dauerhafte Erfüllung der Genehmigungsvoraussetzungen[47], in einigen Ländern auch noch die Erfüllung von nicht näher definierten „Anforderungen, die an entsprechende staatliche Schulen gestellt werden"[48], und in allen Fällen die Übernahme der staatlichen Aufnahme-, Versetzungs- und Prüfungsregeln.

Das Bundesverfassungsgericht entschied 1969[49], dass der hoheitliche Akt der Berechtigungsvergabe ein „natürliches Recht des Staates" und daher „herkömmlich" nicht mit der Genehmigung verbunden sei. Es konnte sich in der Tat auf die Tradition der KMK-Vereinbarung 1928/30 berufen, die in der Ländervereinbarung 1951 fortgeführt wurde. Bereits vor der Weimarer Verfassung gab es Privatschulen, die das Privileg der Vergabe öffentlicher Berechtigungen erhalten hatten[50]. Voraussetzung war die weitestgehende Anpassung an die entsprechende staatliche Schule. Die Ersatzschule musste einer „öffentlichen Schule im wesentlichen entsprechen und nach ihrer ganzen Einrichtung, insbesondere nach ihren Lehrzielen, ihrer Verfassung, ihrem Lehrkörper und ihren sonstigen Einrichtungen und Leistungen den öffentlichen Schulen gleichstehen" und nun die klassische Formulierung: „(Sie muss) also einen vollwertigen Ersatz für öffentliche Anstalten der gleichen Art bilden."[51] So kreierte die Verwaltung mit hohem Sprachgefühl als Steigerung des gleichwertigen Ersatzes noch einen vollwertigen, also gleichartigen Ersatz. Mit anderen Worten: Das Privileg, öffentliche Berechtigungen zu erteilen, hebt die verfassungsrechtlichen Gleichwertigkeitsrechte der Ersatzschule auf. Der Grund: Berechtigungen sollen unter gleichen Bedingungen vergeben werden; diese Bedingungen würden eine gewisse Gleichartigkeit von Anforderungen und Leistungsmessung voraussetzen. Selbst aber, wenn die Schule alles das erfüllte, hätte sie noch keinen Anspruch auf Anerkennung[52]. Neben der Bedürfnisprüfung hatten hier die Natio-

---

[46] § 37 (5) und (6) SchOG NW. Gymnasien, die keine öffentlichen Berechtigungen verleihen wollen, sind Ergänzungsschulen!

[47] Z. B. §§ 10 (1) PSchG BW; 123 (1) SchG Bbg.

[48] Z. B. § 5 (1) Ländervereinbarung 1951, Art. 100 BayEUG.

[49] BVerfGE 27, 195 ff.

[50] Näher dazu *Johann Peter Vogel,* Verfassungswille und Verwaltungswirklichkeit, S. 170 ff. (173 f.).

[51] Ergänzung vom 24.01.1928 zur Ländervereinbarung über die gegenseitige Anerkennung der Reifezeugnisse 1922.

[52] Z. B. § 5 (1) Ländervereinbarung – „kann". Anders § 10 (1) PSchG Bw – „verleiht".

nalsozialisten einen zweiten, überaus wirksamen Hebel, um Ersatzschulen zu beseitigen.

Das Bundesverfassungsgericht betont nun einerseits, dass das Existenzrecht der Schulen in freier Trägerschaft auf der von der Verfassung gewollten Vielfalt im Schulwesen beruht, und hängt das Gestaltungsrecht der freien Träger innerhalb der Individualgrundrechte hoch auf, andererseits scheut es sich doch, eine Vergleichbarkeit von Anforderungen und Leistungen unter gleichwertigen Bedingungen zu akzeptieren; der traditionelle Standpunkt der Schulverwaltungen hat sich – trotz des Missbrauchs durch die Nationalsozialisten – voll durchgesetzt; die Landesgesetzgebung wird gedeckt. Es bleibt lediglich die juristisch stumpfe gerichtliche Warnung, dass die Anerkennung nicht zum Instrument übermäßiger Anpassung an vergleichbare staatliche Schulen missbraucht werden dürfe[53]. In der Praxis hat sich inzwischen aufgrund der Selbstbindung der Verwaltung immerhin ein Anspruch auf Anerkennung durchgesetzt, sofern die Voraussetzungen erfüllt sind.

6. Verfassungsrechtliche finanzielle Leistungspflicht des Staates

Die weitestgehende Interpretation der Gewährleistung der Schulen in freier Trägerschaft ist die mit Urteil von 1987 erfolgte Ableitung einer Leistungspflicht des Staates gegenüber den Ersatzschulen. Das Bundesverfassungsgericht erreichte diese Förderpflicht nicht auf dem in den vorangegangenen Jahren diskutierten Weg eines Teilhaberechts der Schulträger oder Eltern, sondern entnahm sie der besonderen Grundrechtsgestaltung des Art. 7 Abs. 4. Weil das Grundrecht im Falle der Ersatzschulen verfassungsrechtlich an Genehmigungsschranken gebunden ist, die am Standard staatlicher Schulen ausgerichtet sind, der Staat aber diesen Standard mit seinen Mitteln selbst regulieren kann und reguliert hat, muss er eine Kompensation mit öffentlichen Mitteln schaffen, sobald und soweit freie Träger aus eigenen Mitteln nicht mehr in der Lage sind, wegen der Höhe der Standards die Genehmigungsvoraussetzungen gleichzeitig und dauerhaft zu erfüllen. Eine solche Notsituation sah das Gericht als gegeben an[54]. In einer weiteren Entscheidung stellte das Gericht klar, dass bei Berechnung der öffentlichen Finanzhilfe die Kosten für die Beschaffung der erforderlichen Schulräume nicht völlig unberücksichtigt bleiben können[55]. Damit wurde

---

[53] BVerfGE 27, 195 ff. – D I 5.

[54] BVerfGE 75, 40 ff. auf der Grundlage der Dogmatik, in: Friedrich Müller/Bodo Pieroth/Lothar Fohrmann, Leistungsrechte, 1982.

[55] BVerfGE 90, 128 ff. Dazu *Benediktus Hardorp,* in: Friedrich Müller/Bernd Jeand'Heur (Hrsg.), Zukunftsperspektiven der Freien Schule, 2/1996, S. 253 ff.

die vorangegangene Rechtsprechung des Bundesverwaltungsgerichts[56] verfassungsrechtlich vertieft.

Freilich finden sich schon in diesem ersten Finanzhilfeurteil dieses Gerichts einige Formulierungen, die sich in der weiteren Rechtsprechung als Einfallstore für Abschwächungen der Leistungspflicht erweisen sollten.[57] Ich nenne fünf:

- Das erste ist die Voraussetzung der Leistungspflicht, dass das *Ersatzschulwesen als Institution* gefährdet sein muss.[58] Gemeint war eine strukturelle Unmöglichkeit, die Genehmigungsvoraussetzungen aus eigener Kraft zu erfüllen, hausgemachte Notlagen sollten nicht zur Kompensation führen. Und indem das Gericht die Unmöglichkeit empirisch als erwiesen angesehen hatte, lag die Gefährdung der Institution am Tage. Das Bundesverwaltungsgericht argumentierte aber, dass die Gefährdung einer einzelnen Schule keine Gefährdung der Institution sein könne.[59] Offen blieb die Frage, die Gefährdung wievieler Schulen oder Schularten erforderlich sein müsste, um die Leistungspflicht auszulösen.

- Die Leistungspflicht wurde begrenzt auf ein „Existenzminimum"; zwar ging aus dem Kontext hervor, dass die Förderung zu gewährleisten hätte, dass die Genehmigungsvoraussetzungen dauerhaft erfüllt werden könnten[60]; dies war eigentlich selbstverständlich, denn die Genehmigungsvoraussetzungen können nur ganz oder gar nicht, aber nicht als Notprogramm erfüllt werden; ein „Existenzminimum" in der Erfüllung gibt es nicht. Gleichwohl entwickelte sich das „Existenzminimum" zu einem wohlfeilen Argument, die Forderung nach Finanzhilfe zu minimieren.[61]

- Mit Recht hatte das Bundesverfassungsgericht eine Leistungspflicht für das Anfangsstadium der Schule abgelehnt – wobei sich aus der diesbezüglichen früheren Rechtsprechung des Bundesverwaltungsgerichts eindeutig ergab, dass die Zeit vor Genehmigung der Schule gemeint war.[62]

---

[56] BVerwGE 23, 347 ff.; 27, 360 ff.; ständ. Rspr. bis BVerwGE 70, 290 ff.

[57] Kritisch *Bernd Jeand'Heur/Johann PeterVogel/Benediktus Hardorp,* in: Friedrich Müller/Bernd Jeand'Heur (Hrsg.), Zukunftsperspektiven, S. 47 ff.; 93 ff.; 117 ff., 168 ff., 253 ff. sowie *Frank-Rüdiger Jach,* Die Existenzsicherung der Institution Ersatzschulwesen in Zeiten knapper Haushaltsmittel – Umfang und Grenzen der Finanzhilfepflicht des Staates vor dem Hintergrund der Rechtsprechung des Bundesverfassungsgerichts, in: Frank-Rüdiger Jach/Siegfried Jenkner, Autonomie, S. 75 ff.

[58] BVerfGE 75, 40 ff. – C III 2.

[59] BVerwGE 79, 154 ff. – II 2.

[60] BVerfGE 75, 40 ff. – C III 3.

[61] BVerwGE 79, 154 ff.; BVerfGE vom 04.03.1997 – B II 2 a aa.

[62] BVerfGE 75, 40 ff. – C III 3 mit Verweis auf BVerwGE 27, 360 ff. (365) und 70, 290 ff.; letztere verkennt aber das frühere Urteil (dazu *Johann Peter Vogel,* Errichtungsrecht und Errichtungsfinanzierung von Ersatzschulen, RdJB 1995, S. 175 ff.).

Mit Gründen wie „effektive Verwendung öffentlicher Mittel", Notwendigkeit einer Erprobungszeit und dem Risiko, dass dem Unternehmer nicht abgenommen werden könne, wurde eine letztlich unbegrenzte Karenzzeit zwischen Genehmigung und erster Finanzhilfe gestützt – ein Zeitraum, in dem zwar die Genehmigungsvoraussetzungen voll erfüllt werden müssen, eine Finanzhilfe aber gleichwohl nicht gezahlt werden muss. Zwar wird bei besonders langen Wartefristen an einen „Ausgleich" gedacht, aber so unbestimmt, dass kein Bundesland sich dadurch dazu veranlasst sah. In dieser „Wartefrist"-Entscheidung 1992[63] wird den Eltern als (Mit-)Trägern neben dem verfassungskonform niedrigen Schulgeld ein zusätzliches unbegrenztes bildungspolitisches Gründungsengagement aufgebürdet und damit das Sonderungsverbot de facto suspendiert. Zugleich widerspricht sich das Gericht: War eben noch Schule eine öffentliche Aufgabe, in der sich die freien Träger beteiligten, so hatten nun die Träger eigene bildungspolitische, partikulare Interessen.

– Das in diesem Zusammenhang auftauchende „herkömmliche Bild der Privatschule"[64] führte in einem Kammerbeschluss des Bundesverfassungsgerichts 1997[65] vollends zur Aushöhlung der so überzeugend aus der Verfassung abgeleiteten Leistungspflicht, denn dieses „Bild" umfasst eine Finanzierung der Ersatzschule, wie sie in Deutschland seit 1945 nur noch in Form von kirchlichen Schulen existiert. Nur hier gibt es neben Schulgeld und Finanzhilfe eine dritte Finanzquelle: das Vermögen und Engagement des Trägers, bestehend aus Trägermitteln, Krediten, Spenden u. ä. Diese dritte Finanzquelle erweitert das schon im „Wartefrist"-Urteil entdeckte Gründungsengagement auf die gesamte Betriebszeit; der Bedarf an öffentlicher Finanzhilfe wird so noch einmal minimiert und das Sonderungsverbot endgültig aufgehoben.

– Schließlich wird die Leistungspflicht unter den Vorbehalt dessen gestellt, was „vernünftigerweise" vom Staat unter Berücksichtigung seiner anderen Verpflichtungen erwartet werden könne. Die Anknüpfung von Kürzungen der Finanzhilfe an entsprechende Kürzungen des gesamten

---

[63] BVerfGE 90, 107 ff. Kritisch dazu *Benediktus Hardorp*, Ersatzschule, Schulbauförderung und Wartefrist. Bildungsökonomische Bemerkungen zu einer janusköpfigen Finanzhilferechtsprechung, in: Friedrich Müller/Bernd Jeand'Heur (Hrsg.), Zukunftsperspektiven, S. 253 ff. und *Johann Peter Vogel*, Entwicklung des Finanzhilferechts der Schulen in freier Trägerschaft vom Urteil des Bundesverfassungsgerichts vom 08.04.1987 bis zu den Entscheidungen des Bundesverfassungsgerichts vom 09.03.1994, in: Friedrich Müller/Bernd Jeand'Heur (Hrsg.), Zukunftsperspektiven, S. 167 ff.

[64] BVerfGE 90, 107 ff. – B I 3a; zuvor schon BVerwGE 70, 290 ff. – II 2.

[65] BVerfGE vom 04.03.1997. Näher dazu *Johann PeterVogel*, Das herkömmliche Bild der Privatschule, RdJB 1998, S. 206 ff.

Schulhaushalts, 1987 noch relativ klar ausgedrückt[66], verflüchtigt sich mit jeder neuen Entscheidung mehr[67].

Weitere Punkte sind der dem Landesgesetzgeber eingeräumte „weite Gestaltungsspielraum", der vergessen lässt, dass er durchaus im Urteil 1987 verfassungsrechtliche Grenzen hatte[68], die unbestimmte Höhe des noch verfassungskonformen Schulgeldes[69] und das wie ein Joker in der Argumentation eingesetzte „Unternehmerrisiko" des Trägers[70]. Sie seien hier nur erwähnt. Das Bundesverfassungsgericht wird wieder Gelegenheit erhalten, seine Finanzhilfe-Rechtsprechung fortzusetzen – anhand eines überaus gründlichen bremischen Vorlagebeschlusses (1999) zur Frage der „Landeskinderklausel"[71]. Angesichts der durch die bisherige Rechtsprechung zerrütteten Dogmatik fällt es schwer vorauszusagen, wie diese Entscheidung aussehen wird.

Die praktische Auswirkung der Rechtsprechung auf die Gesetzgebung ist entsprechend negativ. Alle Länder hatten auch schon vor 1967 Finanzhilferegelungen. Noch immer aber gibt es Länder, in denen anerkannte und genehmigte[72], allgemeinbildende und berufsbildende[73] Ersatzschulen sehr unterschiedlich behandelt werden. Baukosten sind nur in wenigen Fällen in die Berechnung einbezogen; einige Länder haben die Baukosten zwar in die Zweckbestimmungen der Finanzhilfe aufgenommen, aber die Finanzhilfe nicht erhöht[74] – ein Etikettenschwindel. Finanzhilfen werden auch nach wie vor überproportional – verglichen mit der Dotierung staatlicher Schulen – durch Haushaltsgesetze gekürzt. Und nahezu alle Länder haben inzwischen Wartefristen eingeführt[75]; dadurch sind in den ohnehin dünn besetzten neuen Bundesländern Neugründungen fast unmöglich geworden.

Einzelne Länder benutzen die Finanzhilfe, um über Zweckbindungen zum Teil sehr weitgehend in die Gestaltungsfreiheit der Träger einzugreifen. Ein in dieser Hinsicht abschreckendes Beispiel ist Nordrhein-Westfalen, das für seine

---

[66] BVerfGE 75, 40 ff. – C III 4.

[67] BVerfGE 90, 107 ff. – B I 2c; BVerfGE vom 04.03.1997 – B II 2 a bb.

[68] *Bernd Jeand'Heur,* Methodische Analyse, freiheitsrechtliche und leistungsrechtliche Konsequenzen des Finanzhilfe-Urteils, in: Friedrich Müller/Bernd Jeand'Heur, Zukunftsperspektiven, S. 47 ff. (54 ff.).

[69] BVerfGE 75,40 ff. – C II 2 b; 90,107 ff. – B I 3 d bb.

[70] BVerwGE 70, 290 ff. - II 2; 79, 154 ff. – II 2; BVerfGE 90, 107 ff. – B I 3 a; BVerfGE vom 04.03.1997 – B II 2 a aa.

[71] VG Bremen vom 27.11.1998 – 7 K 17044/95.

[72] Bayern, Berlin, Hessen, Niedersachsen, Rheinland-Pfalz, Sachsen-Anhalt.

[73] Baden-Württemberg, Mecklenburg-Vorpommern, Schleswig-Holstein.

[74] Berlin, Brandenburg.

[75] Außer Nordrhein-Westfalen, Rheinland-Pfalz, Mecklenburg-Vorpommern und Saarland.

relativ großzügige Förderung eine weitgehende Anpassung der Schule an staatliche Modelle bewirkt – Stellenkegel, beamtenähnliche Anstellungsverträge, Stundentafeln und ein Schulgeldverbot wie an staatlichen Schulen werden minutiös vorgeschrieben[76]. Da die Verwendung öffentlicher Mittel über Pauschalbeträge und Gemeinnützigkeit ebenso zuverlässig kontrolliert werden kann (s. Baden-Württemberg[77]), können derartige Zweckbindungen (die zudem unwirtschaftlich und verwaltungsaufwendig sind) nur mit einem gesteigerten Bedürfnis der Schulverwaltung, die Schulen über die Genehmigungsvoraussetzungen hinaus zu beaufsichtigen und an staatliche Verhältnisse anzupassen, erklärt werden[78].

II. Zusammenfassung und Ausblick

Das Bundesverfassungsgericht hat nach und nach mit seiner grundsätzlichen Würdigung der Errichtungsgarantie für Schulen in freier Trägerschaft und ihrer Funktion für das gesamte Schulwesen Feststellungen getroffen, die ihrem Wortlaut und ihrer Stellung im Grundrechtsteil des Grundgesetzes in vollem Umfang gerecht wird. Die Errichtungsgarantie ist ein Bürgerrecht und als solches Ausfluss anderer grundlegender Grundrechte wie der freien Entfaltung der Persönlichkeit, der Glaubensfreiheit, des Elternrechts. Sie ist ein ordnungspolitischer Ausdruck einer Abwehr staatlichen Schulmonopols und des Verfassungswillens, den individuellen Grundrechten eine organisatorische und inhaltliche Vielfalt im Schulwesen entsprechen zu lassen; Basis dieser Vielfalt sind Gleichwertigkeit und Gleichrangigkeit zum staatlichen Schulwesen. Selbst dort, wo – wie im Bereich der Grundschule – an einem Vorrang des Staates im Schulwesen noch festgehalten wird, wirkt die Errichtungsgarantie dahin, dass die Verwaltungsentscheidungen rechtsstaatlich überprüfbar sein müssen. Schließlich bedeutet die Gewährleistung der Schulen in freier Trägerschaft sogar eine finanzielle Kompensationspflicht des Staates gegenüber Ersatzschulen, wo strukturell die Erfüllung der Genehmigungsvoraussetzungen den Schulträgern nicht mehr gleichzeitig und dauerhaft möglich ist.

Diese verfassungsrechtliche Interpretation der Errichtungsgarantie – also dessen, was das Grundgesetz von den vorangehenden deutschen Verfassungen unterscheidet und den neuen, zukunftweisenden Kern der privatschulrechtlichen

---

[76] §§ 4 ff. ESchFinG NW mit Verwaltungsvorschriften.
[77] §§ 17 ff. PSchG BW.
[78] *Johann Peter Vogel*, Folgerungen für die Praxis der Länder, der Schulträger und Schulen, in: Friedrich Müller/Bernd Jeand'Heur, Zukunftsperspektiven, S. 93 ff. (113 ff.).

Bestimmungen ausmacht – stieß vor 50 Jahren und stößt noch heute auf ein öffentliches Bewusstsein, in dem die Tradition deutscher Staatsschule noch immer mächtig ist; dieses Bewusstsein spiegelt sich auch in den konkreten Folgerungen, die das Bundesverfassungsgericht aus seinen verfassungsrechtlichen Grundsätzen zieht. Man pflanzt ein zukunftsträchtiges Bäumchen in einen Wald, lässt aber die alten Bäume drumherum mit ihren großen Wurzeln und ihren schattenden Blättern stehen. So kommt es zu traditionell rückwärtsgewandten, den Grundsätzen zuwiderlaufenden Rückgriffen auf Figuren wie ein vorkonstitutionelles Monopol des Staates im Berechtigungswesen oder die Vermutung sozialer Reibungen bei Aufgabe des traditionellen Vorrangs der staatlichen Grundschule oder ein „herkömmliches Bild der Privatschule". Diese logisch nicht einleuchtenden Brechungen fußen im Bestand der Landesgesetzgebung, die in wesentlichen Punkten eine Fortschreibung dessen ist, was bereits in der Weimarer Republik und im Obrigkeitsstaat des 19. Jahrhunderts entwickelt worden ist. Ähnlich ist die Situation innerhalb der Finanzhilfe-Rechtsprechung: Auf der einen Seite steht die empirisch festgestellte strukturelle Unmöglichkeit der aktuellen und zukünftigen Ersatzschulen, die Genehmigungsvoraussetzungen aus eigener Kraft zu erfüllen, und die daraus abgeleitete Leistungspflicht des Staates auf der anderen Seite wird mit einem an der Vergangenheit ausgerichteten „herkömmlichen Bild der Privatschule" eine nicht existente Finanzsituation dieser Schulen konstruiert und damit die Leistungspflicht tendenziell wieder aufgehoben.

Was die Schule in freier Trägerschaft, ihre Funktion innerhalb des Schulwesens und ihre Rechtsverhältnisse betrifft, gibt es ein stützendes öffentliches Bewusstsein nicht. Wir stellen das immer wieder fest in Gesprächen mit Politikern und Journalisten, aber auch mit Vertretern der Schulverwaltung, ja selbst mit Eltern freier Schulen. Verbreitet ist eine profunde Ignoranz (trotz vielfältiger Informationsmöglichkeit). Konfessionelle Schulen – immerhin der Löwenanteil unter den freien Schulen – werden oft nicht als freie Schulen empfunden; vermutlich doch das Echo auf Selbstverständnis und Erscheinungsbild dieser Schulen. Als freie Schulen erscheinen Waldorfschulen, auch Alternativschulen, aber ob sie zu Leistung erziehen, wird in der Öffentlichkeit, gestützt durch Einzelfälle, bezweifelt; vermutlich ein Echo der latenten, mitunter auch ausgesprochenen Meinung aller derer, die im staatlichen Schulwesen arbeiten und lernen. Freie Schulen gelten umgekehrt auch als Schulen einer fragwürdigen Elite, Schulen für Reiche; ein Echo auf die notwendig hohen Preise der Internatserziehung und internationaler Schulen. Freie Schulen seien schließlich „Fluchtburgen" vor türkischen Mitschülern; ein Echo auf Motivationen mancher Eltern. Dass Waldorfschüler das viel schwierigere Fremdenabitur bestehen, dass freie Schulen generell bildungsferne Schichten kaum erreichen können, dass internationale Schulen dem Staat die teuere Bildung von vorübergehend in Deutschland lebenden ausländischen Schülern ersparen, dass Landerziehungsheime preiswerter sind als öffentliche Fürsorgeheime, dass berufsbildende freie Schulen dem Staat die Mühe abnehmen, Ausbildungen für neu entstehende Berufe zu entwickeln, und dass Sonderschulen in freier Trägerschaft oft letzte Auffangstationen für besonders schwierige Behinderungsformen sind – alles das lebt nicht im öffentlichen Bewusstsein, ist auch nicht Gegenstand der Medienberichterstattung. Die Vielfalt der Facetten freier Schulen lässt sich nur auf einer abstrakten Ebene eindeutig plakatieren; im Konkreten zerfällt sie in ein differenziertes, schwer zu überschauendes Feld, und das lässt sich in der Öffentlichkeit kaum schlagkräftig darstellen.

Dieses Dilemma in der Selbstdarstellung wird flankiert von einer allgemeinen Abneigung, sich das Schulwesen vielfältig vorzustellen. Auch nach 50 Jahren Grundgesetz überwiegen bei dieser Perspektive Ängste vor chaotischer Unübersichtlichkeit, die zu Lasten bildungsferner Schichten gehen könnte, und die Sorge um eine gerechte Leistungsmessung, die man sich nur im Wege gleichartig einheitlicher Anforderungen vorstellen kann. Das Gespenst der „Privatisierung des Schulwesens", der Auslieferung der Schule an den Markt wird immer wieder beschworen und dabei geflissentlich übersehen, dass die allgemeine staatliche Schulaufsicht, die das Grundgesetz zur Staatspflicht macht, auch und gerade in einem vielfältigen Schulwesen eine bedeutende, wenn auch gewandelte Funktion und die Kompetenz behält, Missbrauch zu unterbinden. „Privatisierung" ist im deutschen Schulwesen so wenig möglich wie bei Bundeswehr, Polizei und Finanzbehörde. Bildung ist eine öffentlich verantwortete Aufgabe – und das mit Recht.

Insgesamt spiegeln Schulverwaltung, Gesetzgebung und Rechtsprechung diesen Zustand öffentlichen Bewusstseins. Nach einem Ausspruch Hellmut Bekkers wirkt Bildungspolitik durch Versickerung. In den vergangenen 50 Jahren ist die Gestaltungsfreiheit der Einzelschule immer wieder vorgeschlagen, diskutiert und wieder weggelegt worden – plötzlich sind zwingende Umstände gegeben, ist die Zeit reif und das öffentliche Bewusstsein auf dem Stand, dass sie eingeführt werden kann. Dasselbe gilt für die Diskussion des Bildungsgutscheins. Warum nicht auch für eine dem Grundrecht auf Errichtung freier Schulen adäquate Position dieser Schulen in der Gesellschaft? Das Grundgesetz fordert es – entscheidend ist, dass die Schulen und ihre Träger durch ihr Handeln immer neu dafür eintreten und einen langen Atem haben.

Autonomiekonzepte für die öffentliche Schule – Altes und Neues

Martin Stock

I. Ein Thema kehrt wieder

In den frühen neunziger Jahren begann in einigen Bundesländern eine Diskussion über größere Handlungsspielräume für die einzelnen öffentlichen Schulen im Rahmen einer reformierten Staatsaufsicht. Kennwort und Leitmotiv war dafür die *„Schulautonomie"*. Von Norddeutschland[1] und Berlin[2] ausgehend, erreichte diese Diskussion dann auch Länder wie Hessen und Nordrhein-Westfalen[3]. Da und dort führte sie auch bereits zu ersten gesetzgeberischen Schritten[4]. Nach und nach bemächtigten sich auch die einschlägigen Wissen-

---

[1] Vgl. die Stimmen und Dokumente bei *Hans-P. de Lorent/Gudrun Zimdahl* (Hrsg.), Autonomie der Schulen, Hamburg 1993, zur Entwicklung in Hamburg. Aus bremischer Sicht *Reinhart Hoffmann/Gernot Lückert*, Die Diskussion über Schulautonomie in Bremen, RdJB 1994, S. 269 ff. Zur Situation in Niedersachsen *Karl Ermert*, Kommission „Schulentwicklung – Beratung – Fortbildung" beim Niedersächsischen Kultusministerium, RdJB 1997, S. 398 ff.

[2] Einführend *Hans Döbert*, Schulen in erweiterter Verantwortung – Projekte und Modellversuche in Berlin und Brandenburg, RdJB 1997, S. 406 ff. Dazu jetzt Hermann Avenarius/Hans Döbert (Hrsg.), „Schule in erweiterter Verantwortung". Ein Berliner Modellversuch (1995 bis 1998). Abschlußbericht der wissenschaftlichen Begleitung, Frankfurt/M. 1998.

[3] In N.-W. wurde sie angestoßen durch eine unabhängige Expertenkommission, deren Arbeit auch überregional viel Beachtung fand: Bildungskommission NRW, Zukunft der Bildung – Schule der Zukunft, Neuwied 1995. Dazu *Martin Stock*, Auf dem Weg zur „teilautonomen" Schule? Bemerkungen zur Reformdiskussion in Nordrhein-Westfalen, RdJB 1997, S. 372 ff., näher unter II.5.

[4] Über eine „Eigenständigkeit der Schule" § 9 des Bremischen Schulgesetzes i. d. F. vom 20.12.1994, GBl. S. 327; s. auch §§ 50 und 51 des Hamburgischen Schulgesetzes vom 16.4.1997, GVBl. S. 97, über „schulische Selbstverwaltung" und „Schulprogramm". Eine „Selbständigkeit der Schulen" statuiert auch § 7 des Brandenburgischen Schulgesetzes vom 12.4.1996, GVBl. I S. 102. Über „Grundsätze der Selbstverwaltung" sowie „Pädagogische Eigenverantwortung und Schulprogramm" zuletzt §§ 127a und 127b des Hessischen Schulgesetzes, eingefügt durch die Novelle vom 15.5.1997, GVBl. I S. 143.

schaftsdisziplinen des Themas, insbesondere Erziehungs-[5] und Rechtswissenschaft[6]. Schließlich wurde die Autonomiefrage auch von bundesweit agierenden praktisch-politisch orientierten Reformkräften und Geldgebern aufgegriffen, bis zu aufwendig inszenierten Bildungsgipfeln hin[7].

Diese Autonomiedebatten sind nun schon jahrelang im Gang. Zu einer wirklichen überregionalen Verständigung über Ziele und Grundsätze einer entsprechenden Schulverfassungsreform haben sie aber noch nicht geführt. Vielleicht werden sie demnächst wieder abklingen und im Sande verlaufen. Das wäre

---

[5] Etwa Peter Daschner/Hans G. Rolff/Tom Stryck (Hrsg.), Schulautonomie – Chancen und Grenzen, München 1995; Harm Paschen/Lothar Wigger (Hrsg.), Schulautonomie als Entscheidungsproblem, Weinheim 1996; Hermann Avenarius/Jürgen Baumert-Hans Döbert/Hans-P. Füssel (Hrsg.), Schule in erweiterter Verantwortung, Neuwied 1998, sämtlich mit interdisziplinärer Beteiligung. Im übrigen *Renate Martini*, „Schulautonomie". Auswahlbibliographie 1989–1996, Frankfurt/M. 1997. In vergleichender Sicht Hans Döbert/Gert Geißler (Hrsg.), Schulautonomie in Europa, Baden-Baden 1997.

[6] Etwa *Hermann Avenarius*, Schulische Selbstverwaltung – Grenzen und Möglichkeiten, RdJB 1994, S. 256 ff.; *Ingo Richter*, Theorien der Schulautonomie, RdJB 1994, S. 5 ff.; *Johann P. Vogel*, Verfassungsrechtliche Abwägungen zum Thema Schulautonomie, in: Paschen/Wigger (Fn. 5), S. 119 ff., ähnlich ZfPäd. 1995, S. 49 ff.; *Wolfram Höfling*, Demokratiewidrige Schulautonomie?, RdJB 1997, S. 361 ff.; *Stock* (Fn. 3). Eher restriktiv oder gänzlich ablehnend *Armin Dittmann*, Schulautonomie in juristischer Sicht – Grundgesetzliche Grenzen schulpolitischer Gestaltungsfähigkeit der Länder, in: Konrad-Adenauer-Stiftung (Hrsg.), Zukunft der Bildung – Schule der Zukunft?, Sankt Augustin 1996, S. 53 ff.; *Günter Püttner*, Schulautonomie und Verfassungsanspruch, in: Winfried Schlaffke/Klaus Westphalen (Hrsg.), Denkschrift NRW – Hat Bildung in Schule Zukunft? (BDI-Symposium), Köln 1996, S. 147 ff.; *Klaus Stern*, Autonomie der Schule? in: Detlef Merten u. a. (Hrsg.), Der Verwaltungsstaat im Wandel. Festschrift für Franz Knöpfle zum 70. Geburtstag, München 1996, S. 333 ff. Differenzierend *Friedhelm Hufen*, Verfassungsrechtliche Möglichkeiten und Grenzen schulischer Selbstgestaltung, in: Frank-R. Jach/Siegfried Jenkner (Hrsg.), Autonomie der staatlichen Schule und freies Schulwesen. Festschrift zum 65. Geburtstag von J. P. Vogel, Berlin 1998, S. 51 ff.

[7] Vgl. die programmatische Rede des Bundespräsidenten Roman Herzog auf dem Berliner Bildungsforum im Nov. 1997 (im Anschluß an seine sog. Ruck-Rede vom April 1997), dokumentiert in: Die Zeit Nr. 46 vom 7.11.1997, S. 49 f. Unter der Schirmherrschaft Herzogs arbeitete eine Expertengruppe der Bertelsmann-Stiftung sodann eine Reihe bildungspolitischer Empfehlungen aus, u. a. über „selbständige Schulen" und „pädagogische Programme". Sie sind zusammengefaßt in dem Memorandum des Initiativkreises Bildung der Bertelsmann-Stiftung: Zukunft gewinnen, Bildung erneuern, Gütersloh 1999, das im April 1999 auf dem Bonner Deutschen Bildungskongreß vorgestellt wurde. Daß Bildungsreform auch für den nächsten Bundespräsidenten ein „Megathema" bleiben werde, erhofft sich aus Bertelsmann-Sicht Mark Wössner (Interview), Neue Westfälische, Nr. 90 vom 19.4.1999. Kritisch zu diesen Aktivitäten *Albrecht Müller*, Die „Wohltäter" aus Gütersloh, Vorwärts 1999, Nr. 5, S. 24, der darin gewisse aktionistische Züge und Begründungsschwächen wahrnimmt. – Die Bertelsmann-Stiftung engagiert sich auch in N.-W. bei zwei subregionalen schulpraktischen Modellversuchen (Fn. 43).

hierzulande nicht das erste Mal, daß auf gute Grunde gestützte, relativ breit angelegte pragmatische Initiativen zugunsten von mehr Eigenverantwortung im öffentlichen Schulwesen im Ergebnis steckenbleiben und zum Erliegen kommen. So etwas hat es in Deutschland schon mehrfach gegeben, in spektakulärer Weise zuletzt vor 25 Jahren[8].

Zum schulgeschichtlichen Hintergrund gehört hierbei vor allem eine dominierende Staatsfunktion. Unter die Fittiche einer starken staatlichen Schulhoheit geduckt, ist die „*Staatsschule*" in Theorie und Praxis auch heute noch eine beliebte Alternative. Sie stellt eine Art modellmäßigen Gegenpol dar, von dem eine selbständig handelnde, pädagogisch eigenverantwortliche öffentliche Schule erst einmal wegkommen müßte. Groß ist die Last der Erinnerungen, was solche Emanzipierungsversuche und ihr Scheitern betrifft. Darüber zunächst einige weitere Informationen unter dem Gesichtspunkt, ob man daraus heute etwas lernen kann (II.). Darauf folgen dann ein paar Bemerkungen zu den konzeptionellen Grundlagen des Autonomie-Projekts unter rechtspolitischem Blickwinkel, auch im Hinblick auf das künftige Verhältnis von öffentlicher und privater Schulträgerschaft (III.).

II. Staatsaufsicht und pädagogische Autonomie – Bemerkungen zur Problemgeschichte

1. Art. 7 Abs. 1 GG

Ich gehöre zu der Zunft der Staatsrechtslehrer und erlaube mir darum, von der diesbezüglichen heutigen staatsrechtlichen Grundnorm auszugehen: „Das gesamte Schulwesen steht unter der Aufsicht des Staates" (Art. 7 Abs. 1 GG). Manche Staatsrechtler neigen dazu, dem Staat sozusagen immer recht zu geben – was hier heißen würde: über den Wortlaut der Bestimmung in seiner alltagssprachlichen Bedeutung hinaus ein „'Vollrecht' des Staates über die Schule" anzunehmen und in Art. 7 Abs. 1 eine entsprechende weit gefaßte institutionelle Garantie der staatlichen Schulhoheit zu erblicken[9]. Demgegenüber sehe ich unsere Aufgabe darin, genauer herauszuarbeiten, daß und inwiefern der Staat durch das Recht konstituiert und auch limitiert, nämlich als Rechtsstaat ausgestaltet und kompetenziell begrenzt wird. Das gilt auch für die verfassungsmäßi-

---

[8] Damals scheiterte die Bildungskommission des Deutschen Bildungsrats mit Reformvorschlägen, welche denjenigen der Bildungskommission NRW (Fn. 3) ähnelten, näher unter II.4.

[9] Vgl. *Helmut Lecheler*, in: Michael Sachs (Hrsg.), Grundgesetz, München 1996, Art. 7 Rdnrn. 17 ff., zögernd zur herrschenden Lehre, die in der Tat ein solches „Vollrecht" annimmt.

gen Staatsfunktionen in Schulangelegenheiten. Was besagt also nun unsere institutionelle Garantie näherhin?

In früheren Jahren wurde oftmals die Frage erörtert, ob des Rätsels Lösung schon durch eine Wortauslegung des Aufsichtsbegriffs zu finden sei, und zwar in der Weise, daß diesem Begriff eine organisationsrechtlich relevante Unterscheidung und Ablösung des Schulwesens bzw. der Einzelschule von der unmittelbaren Staatsverwaltung als notwendig unterlegt werde.[10] Wenn das so wäre, stünde den Schulen bundesweit ein landesrechtlich zu gewährleistender pädagogisch-fachlicher Handlungsspielraum zu, wie er seit Jahrzehnten unter dem Namen *„pädagogische Freiheit"* debattiert und gefordert wird[11]. Damit wäre die Tür für funktionsspezifische Autonomiekonzepte weit geöffnet. Dies war jedoch eine Verfassungsauslegung, die in unserer Zunft nicht mehrheitsfähig war, und sie ist es auch heute nicht. Ausschlaggebend ist dafür die erwähnte etatistische Tradition.

Für diejenigen Staatsrechtler, die noch ganz in letzterer Traditionslinie stehen, sind Konzepte einer verstärkten Selbständigkeit der öffentlichen Schule vielmehr prinzipiell verfassungswidrig[12]. Artikel 7 Abs. 1 GG stellt aus jener (auf politische Macht und staatliche Herrschaft fixierten) Sicht einen Sperriegel gegen substantielle Reformen des Verhältnisses von Staat und öffentlicher Schule dar. Diesen Blockadeeffekt pflegt man auch unter rechtspolitischem Blickwinkel gutzuheißen. Auch eine Verfassungsänderung gilt insoweit als unerwünscht.

---

[10] Zum Diskussionsstand um 1970 *Martin Stock*, Pädagogische Freiheit und politischer Auftrag der Schule, Heidelberg 1971, S. 76 ff. m. w. N. Aus neuerer Zeit *Ingo Richter*, in: Rudolf Wassermann (Hrsg.), Kommentar zum Grundgesetz für die Bundesrepublik Deutschland, 2. Aufl., Neuwied 1989, Art. 7 Rdnrn. 1 ff., 18 ff., 44 ff.; *Frank-R. Jach*, Schulvielfalt als Verfassungsgebot, Berlin 1991, S. 8 ff. Die konservative h. M. demgegenüber noch bei *Hans Heckel/Hermann Avenarius*, Schulrechtskunde, 6. Aufl., Neuwied 1986, S. 164 ff.; *Thomas Oppermann*, Schule und berufliche Bildung, in: Josef Isensee/Paul Kirchhof (Hrsg.), Handbuch des Staatsrechts der Bundesrepublik Deutschland, Bd. VI, Heidelberg 1989, S. 329 (335 ff.); *Peter Badura*, Staatsrecht, 2. Aufl., München 1996, S. 166. Differenzierend zuletzt *Rolf Gröschner*, in: Horst Dreier (Hrsg.), Grundgesetz, Bd. I, Tübingen 1996, Art. 7 Rdnrn. 34 ff.; *Lecheler* (Fn. 9); *Gerhard Robbers*, in: Christian Starck (Hrsg.), Das Bonner Grundgesetz, 4. Aufl., Bd. 1, München 1999, Art. 7 Rdnrn. 60 ff.

[11] Dazu *Martin Stock*, Die pädagogische Freiheit des Lehrers im Lichte des schulischen Bildungsauftrags, RdJB 1986, S. 212 ff. m. w. N.; s. auch *Henning Schierholz* (Hrsg.), Pädagogische Freiheit und schulrechtliche Entwicklung (Loccumer Protokoll 27/87), Loccum 1988.

[12] Statt aller *Stern* (Fn. 6), S. 348. Etwas unsicher *Hufen* (Fn. 6), S. 61 ff., der sich in diesem Zusammenhang ebenfalls auf die formale und karge, im Ergebnis zentralistische Demokratie- und Legitimationsdoktrin der Verfassungsrechtsprechung stützt, die auf das Wirken Ernst-W. Böckenfördes im Zweiten Senat des BVerfG zurückgeht. Im Ansatz zutreffend demgegenüber *Höfling* (Fn. 6).

Eine dritte, vermittelnde Lesart geht dahin, der Aufsichtsbegriff sei in der Rechtssprache nicht allgemeingültig geprägt, er könne ebensowohl eine unbeschränkte wie auch eine grundsätzlich beschränkte Einwirkungsmöglichkeit (z. B. Fachaufsicht/Rechtsaufsicht) bezeichnen. Dies gelte zumal für die Schulaufsicht, die nach dem Grundgesetz von Land zu Land unterschiedlich ausgestaltet werden könne, einschließlich verringerter Regelungsdichte und partieller Autonomisierung.[13] Danach sind entsprechende Reformschritte durch das Grundgesetz nicht geboten und auch nicht verboten, sondern prinzipiell erlaubt. Wie weit die Länder dabei näherhin gehen wollen, ist hiernach zunächst eine Frage politischer Entscheidung. Dabei sind allerdings gewisse Grenzen einzuhalten, welche anhand inhaltlicher, pädagogisch-bildungsspezifisch ansetzender Erwägungen genauer zu bestimmen sind. Letztlich geht es dabei um Sinn und Zweck der staatlichen Schulhoheit, auch im Zusammenhang mit anderen konstitutionellen Richtwerten. – Ich habe mich schon vor vielen Jahren für diese moderate, reformfreundliche Lesart des Schulaufsichtsbegriffs ausgesprochen[14], und dabei bleibe ich auch heute. Die weiteren Überlegungen müssen dann den für Art. 7 Abs. 1 GG implizit einschlägigen *Sachkriterien* gelten.

2. Die historischen „Schulkämpfe"

Wenn wir auf die Suche nach Sachkriterien der Schulhoheit gehen, ist zunächst ein Blick auf die Vorgeschichte nützlich. Staatliche Schulherrschaft, wie wir sie heute noch kennen, hat ihre ideengeschichtlichen Wurzeln bekanntlich im absolutistischen Zeitalter[15]. Der aufgeklärte Fürstenstaat sah sich im günstigeren Fall als modernisierende Kraft, als Sachwalter einer Zweckrationalität, welche sich gegen religiöse und ständische Beengtheiten, lokale Abhängigkeiten, wirtschaftliche Zwänge u. ä. kehrte. Und von diesem rationalen, negatorisch-befreienden Gestus ist dann einiges in die demokratische Ära übergegangen.

Noch 1948/49 erblickte die schulpolitische Mehrheit im Parlamentarischen Rat (SPD und FDP) eine wesentliche Staatsaufgabe darin, den Zugriff partikularer gesellschaftlicher Kräfte auf die öffentliche Schule hintanzuhalten. Pädagogisch unverträgliche holistische Tendenzen und Vermachtungsrisiken sah man vor allem in kirchlich-religiösen schulpolitischen Bestrebungen angelegt. Soweit in Art. 7 Abs. 1 GG ein inhaltliches Staatspathos anklingt, ist es das historische des Triumphs über die geistliche Schulaufsicht, „der Wille zur Verweltli-

---

[13] Vgl. nur *Richter* (Fn. 10), Rdnrn. 71 ff.
[14] Vgl. *Stock* (Fn. 10).
[15] Näher etwa *Richter*, *Gröschner* und *Lecheler* (Fn. 10).

chung"[16]. Der Staat war dabei zuerst säkulare, neutralisierende und integrierende Schutzmacht. Die Entstehung der Weimarer Verfassung wie auch diejenige des Grundgesetzes sowie einiger westdeutscher Landesverfassungen waren noch von scharfen Auseinandersetzungen über das rechte Verhältnis von Kirche und Schule bestimmt, insbesondere über die Restauration des älteren Bekenntnisschulwesens vermöge eines amtskirchlich angeleiteten „konfessionellen Elternrechts". Aus jenen „Schulkämpfen" gingen in neuerer Zeit Kompromisse hervor, denen zufolge die *Gemeinschaftsschule* an Boden gewann und sich schrittweise durchsetzte, jedenfalls auf dem öffentlichen Sektor. Die Fürsprecher der Gemeinschaftsschule im Parlamentarischen Rat sahen in dieser Schulart eine Voraussetzung der „Wiedergewinnung ... einer geistigen Einheit"[17], eines „gemeinverbindlichen deutschen Bildungsideals"[18] oder der „Einheitlichkeit einer gewissen Grundkulturauffassung"[19]. Die so verstandene, im einzelnen unterschiedlich begründete libertäre Staatsherrschaft wurde indes von der anderen Seite (CDU, CSU, Zentrum) anfangs entschieden abgelehnt.

Das war ein politischer Richtungsstreit, welcher sich hernach als juristischer fortsetzte. Es kam nun zu heftigen schulrechtlichen Auslegungskontroversen. Autoren wie *Peters*[20] und *Geiger*[21] suchten die Staatsaufsicht nach Art. 7 Abs. 1 GG ein Stück weit zurückzudrängen, und zwar zugunsten kirchlicher, kommunaler oder sonstiger nichtstaatlicher Schulträger. Den Schulen und Lehrern wurde dabei nur eine sekundäre, von den „originären Erziehungsmächten" abgeleitete pädagogische Legitimation zugebilligt. Man sprach schon von „Schulfreiheit", dabei sollte es sich aber der Sache nach um eine Schul*träger*freiheit handeln, wie sie sich nachmals – auf dem Boden des Art. 7 Abs. 4 GG – im Privatschulrecht etablierte. Für das Innenverhältnis von Staat und öffentlicher Schule ergibt dies weiter nichts, ebensowenig für deren Verhältnis zu etwaigen dritten Schulträgern. Kriterien für eine rechtliche Strukturierung und Durchformung dieser Innenverhältnisse lassen sich so nicht finden.

---

[16] Vgl. *Gerhard Anschütz*, Die Verfassung des Deutschen Reichs vom 11. August 1919, 14. Aufl., Berlin 1933, Art. 144 Anm. 2. Auch schon *ders.*, Die Verfassungs-Urkunde für den Preußischen Staat vom 31. Januar 1850, Erster Bd., Berlin 1912, Art. 23 Anm. 1.

[17] Abg. Dr. *Menzel* (SPD), Plenum, 10. Sitzung vom 8.5.1949, Prot. S. 205.

[18] Abg. Dr. *Heuss* (FDP), Plenum, 3. Sitzung vom 9.9.1948, Prot. S. 45.

[19] Abg. Dr. *Bergstraesser* (SPD), Hauptausschuß, 43. Sitzung vom 18.1.1949, Sten. Ber. S. 558.

[20] *Hans Peters*, Elternrecht, Erziehung, Bildung und Schule, in: Karl A. Bettermann u. a. (Hrsg.), Die Grundrechte, Bd. IV/1, Berlin 1960, S. 369 (410 ff.).

[21] *Willi Geiger*, Rechtliche Überlegungen zum Verhältnis Eltern – Schule, in: Karl Bringmann (Hrsg.), Festschrift für Anton Betz, Düsseldorf 1963, S. 269 ff. Auch schon *ders.*, Das verfassungsrechtliche Verhältnis von Schule und Staat, in: ders. u. a., Schule und Staat, München 1959, S. 11 ff. Näher *Stock* (Fn. 10), S. 78 ff.

Wer sich demgegenüber für mehr Staatseinfluß aussprach, ging mit der Staatsaufsicht wie mit einem Instrument pädagogischer Gefahrenabwehr um: Die Schule sollte vor durchgängiger religiöser bzw. politischer Konfessionalisierung bewahrt und vor curricularer Vermachtung geschützt werden. Das *Anschützsche* „administrative Bestimmungsrecht"[22] hatte keineswegs einen beliebigen politischen Voluntarismus gemeint. Im Aussprechen dessen, was es positiv meinte, war die Weimarer herrschende Lehre allerdings blaß geblieben, und darüber kam man auch 1949 kaum hinaus. Religiöse wie auch sonstige gesellschaftlich-kulturelle Schulinteressen machten sich auch schon damals in einiger Vielfalt geltend. Ein derartiges plurales Spektrum wirkte in parteipolitischer Umsetzung auch bereits in den Staat selbst – der seit 1919 bzw. 1949 ein Parteienstaat war – hinein, einschließlich der Institutionen der Schulaufsicht. Die daraus erwachsenden Instrumentalisierungsprobleme konnten aber noch nicht wirklich gelöst oder auch nur auf den Begriff gebracht werden.

3. Vergessen und wiederentdeckt: „Relative pädagogische Autonomie"

Über ein pädagogisch angemessenes Verhältnis von Religion und Schule ist in den fünfziger und sechziger Jahren in Westdeutschland immer wieder diskutiert und gestritten worden. Religiöse und religionsrechtliche Bezüge des öffentlichen Schulwesens wurden seinerzeit als besonders wichtig erachtet.[23] Auf diesem Gebiet ist es damals auch schon zur Herausbildung exemplarischer, durchaus der Verallgemeinerung fähiger Konzepte zur Lösung der Zuordnungsproblematik von Gesellschaft und Schule gekommen. Ein derartiger weiterführender, in der Autonomiefrage sehr ergiebiger Ansatz ist auf regionaler Ebene in Niedersachsen entstanden, zunächst in außerrechtlichen Diskussionszusammenhängen; die schulrechtliche Rezeption und Umsetzung erwies sich dann als mühsam, sie wollte nicht so recht gelingen.

Ausgangspunkt waren hierbei landesrechtliche Normen über eine Erziehung „auf der Grundlage des Christentums" und über eine „grundsätzlich christliche"

---

[22] Vgl. *Gerhard Anschütz*, Die Verfassungs-Urkunde für den Preußischen Staat, Art. 23 Anm. 3; *ders.*, Die Verfassung des Deutschen Reichs, Art. 144 Anm. 1.

[23] Sie sind auch heute wieder wichtig und zunehmend prekär geworden, jetzt vor allem im Blick auf nichtchristliche Religionen und Weltanschauungen; s. etwa *Christine Langenfeld*, Integration und kulturelle Identität zugewanderter Minderheiten: Eine Herausforderung für das deutsche Schulwesen – Einführung in grundlegende Fragestellungen, AöR 123, 1998, S. 375 ff.; *Stefan Korioth*, Islamischer Religionsunterricht und Art. 7 III GG, NVwZ 1997, S. 1041 ff.; *Ernst G. Mahrenholz*, Darf die Schulverwaltung einer Schülerin das Tragen eines Schleiers in der Schule verbieten?, RdJB 1998, S. 287 ff.; *Ulrich Battis*, Kopftuchverbot im Schuldienst, Zeitschrift für Tarifrecht 1998, S. 529 ff.

Gemeinschaftsschule als normale Schulart in Niedersachsen[24]. Diese Gesetzesaussagen wurden nun dahin gedeutet, daß damit nicht etwa eine weitgehend exklusive katholisch-evangelische „Bikonfessionalität" nach süddeutschem Muster gemeint sein sollte, ebensowenig andererseits ein striktes laizistisches Trennungsprinzip. Die religiöse Überlieferung sollte nicht durch eine negative Neutralität verdrängt werden, sondern sie sollte Zutritt zur Schule behalten und curriculumrelevant bleiben. Dies aber eben nicht i. S. eines integralen Konfessionalismus nach Art älterer Bekenntnisschulen – solche Autoritätsstrukturen sollten gerade vermieden und ferngehalten werden. Das Christentum sollte als hierzulande wichtiger Traditions- und Kulturfaktor in Erziehung und Unterricht einbezogen werden, dies aber inhaltlich „offen" und plural-dialogisch, unter Vorbehalt eines metakonfessionellen pädagogischen Verfahrensreglements, welches sich letztlich an dem Schulzweck der *„Mündigkeit"* orientieren sollte.[25]

Das Mündigkeitsziel – damals und bis heute wesentlicher Bestandteil des gesetzlichen Erziehungs- und Bildungsauftrags der Schule[26] – wurde seinerzeit unter dem nachwirkenden Einfluß der Weimarer geisteswissenschaftlichen Pädagogik[27] hermeneutisch-kritisch gewendet und dergestalt als oberster Schul-

---

[24] Vgl. § 3 und § 2 Abs. 1 Satz 1 des Gesetzes über das öffentliche Schulwesen in Niedersachsen vom 14.9.1954, GVBl. S. 89. Dazu etwa *Alexander Hollerbach*, Die Kirchen unter dem Grundgesetz, VVDStRL 26, 1967, S. 57 (98 f.); *Axel Freiherr v. Campenhausen*, Staat, Kirche und Schule, ZevKR 14, 1968/69, S. 26 (41 ff.); *Martin Stock*, Über die „Eigenständigkeit" der öffentlichen Schule in der Sicht heutiger protestantischer Schulpolitik, in: Klaus Wegenast (Hrsg.), Theologie und Unterricht. Festgabe für Hans Stock zu seinem 65. Geburtstag, Gütersloh 1969, S. 101 ff.; ders. (Fn. 10), S. 85 ff. m. w. N., auch zum folgenden.

[25] Heutige Leser werden hier Anklänge an den Kruzifix-Beschluß, BVerfGE 93, S. 1 ff., und dessen spätere, das konfessionelle Moment relativierende bayerische Ausdeutung wahrnehmen. Statt aller *Peter Badura*, Das Kreuz im Klassenzimmer, Archiv für kath. Kirchenrecht 164, 1995, S. 17 ff. = BayVBl. 1996, S. 33 ff., 71 ff. Die darauf beruhende Staatspraxis wurde gutgeheißen vom BayVerfGH BayVBl. 1997, S. 686 ff. Letztere Lesart des Verhältnisses von Religion und Schule versteht sich indes vor dem Hintergrund einer anderen Tradition und Lebenswelt. Aus norddeutscher Sicht bleibt sie etwas undeutlich, was das Mündigkeitsziel und die Autonomiefrage betrifft. Allg. zuletzt Winfried Brugger/Stefan Huster (Hrsg.), Der Streit um das Kreuz in der Schule, Baden-Baden 1998.

[26] S. nur § 2 des Niedersächsischen Schulgesetzes i. d. F. vom 27.9.1993, GVBl. S. 383, mit Elementen der Fassung von 1954 (Fn. 24) innerhalb eines erweiterten, auch sprachlich modernisierten bildungsspezifischen Bezugsrahmens.

[27] Vgl. *Herman Nohl*, Die pädagogische Bewegung in Deutschland und ihre Theorie, 6. Aufl., Frankfurt/M. 1963. Zu den großen Weimarer Namen gehörte des weiteren *Eduard Spranger*, Die wissenschaftlichen Grundlagen der Schulverfassungslehre und Schulpolitik, Berlin 1928, auch in: *ders.*, Geist der Erziehung, Ges. Schriften, Bd. 1, Heidelberg 1969, S. 90 ff. Einflußreich war auch *Wilhelm Flitner* mit zahlreichen Abhandlungen, etwa: Zum Begriff der pädagogischen Autonomie, in: Georg Geissler (Hrsg.), Das Problem der pädagogischen Autonomie, Langensalza 1929, S. 111 ff. Näher *Stock* (Fn. 10), S. 111 ff., auch über weitere Autoren und Autonomie-Versionen.

zweck verstanden. Das Schülerinteresse an Erziehung zur Mündigkeit bedingt hiernach immer ein Doppeltes: einmal die innerschulische Zulassung und breite Einbeziehung extern-gesellschaftlicher Kräfte, zum andern aber auch eine gewisse pädagogisch-funktionell zu begründende und zu begrenzende Distanz gegenüber solchen externen Kräften in ihrer Eigenschaft als Tendenzträger und Machtpotentiale. Und letztere Forderung lief auf eine „*relative pädagogische Autonomie*" von Schule und Lehrer hinaus, wie sie von den Altmeistern dieser Denkschule schon in den zwanziger Jahren konzipiert worden war. In der Nachkriegszeit wurde dieses Konzept von dem Göttinger Erziehungswissenschaftler *Erich Weniger* wiederaufgenommen und weiterentwickelt.[28] Es wurde auch religionspädagogisch umgesetzt und für die erwähnten Diskussionen über religiöse Bezüge der Gemeinschaftsschule fruchtbar gemacht.[29]

Diese pädagogische Denkschule hat m. E. auch heute noch gangbare Wege aufgezeigt, um zu den notwendigen Sachkriterien für eine reformorientierte Auslegung des Art. 7 Abs. 1 GG zu gelangen. Ihre wohlabgewogenen Lehren haben den Vorteil, für die regulatorische staatliche Betätigung eine einleuchtende positive Zielsetzung aufzuzeigen. Auf diesem Boden läßt sich das ältere Herrschafts- bzw. Trennungsdenken überwinden. Die entsprechende Schwarz-Weiß-Malerei läßt sich vermeiden, es lassen sich differenziertere Lösungen finden, wobei Schulautonomie und Staatsaufsicht grundsätzlich gleichermaßen berücksichtigt und konzeptionell zusammengebracht werden können.

Es ist nämlich bei Lichte besehen die staatliche Schulhoheit, die hiernach eine verstärkte curriculare und organisatorische Selbständigkeit der öffentlichen Schule überhaupt erst hervorbringen müßte. Sie soll einen dafür geeigneten, schulfreundlichen Rechtsrahmen schaffen. Innerhalb dieses Rahmens soll sie die gedachte pädagogische Freiheit institutionell und auch personell gewährleisten[30]. Externe Machthaber und Tendenzträger aller Art sind als solche auf Ab-

---

[28] Vgl. bereits die Weimarer Wortmeldung des Nohl-Schülers *Weniger*, Über die Autonomie der Pädagogik, in: Geissler (Fn. 27), S. 167 ff., dann auch in: Erich Weniger, Die Eigenständigkeit der Erziehung in Theorie und Praxis, 3. Aufl., Weinheim 1963, S. 71 ff. Dort sind auch wesentliche Arbeiten Wenigers aus der Nachkriegszeit zusammengefaßt. Zur damaligen Weniger-Rezeption in Niedersachsen und darüber hinaus *Stock* (Fn. 10), S. 137 ff. m. w. N.

[29] S. etwa *Martin Stallmann*, Die Christlichkeit der „christlichen Schule", Göttingen 1968; *Hans Stock*, Beiträge zur Religionspädagogik, Gütersloh 1969; *Gert Otto*, Schule, Religionsunterricht, Kirche, 3. Aufl., Göttingen 1968. Im übrigen Fn. 24.

[30] Vorbildlich zum funktionalen Zusammenhang von Bildungsauftrag und pädagogischer Freiheit in diesem Sinn § 2 Abs. 2 des neuen Niedersächsischen Schulgesetzes (Fn. 26): Die Schule soll Lehrern und Schülern „den Erfahrungsraum und die Gestaltungsfreiheit bieten, die zur Erfüllung des Bildungsauftrags erforderlich sind". Dafür hat heute, im Zeichen des Parlamentsvorbehalts, der Gesetzgeber genauere Vorgaben zu machen als früher üblich. Dabei hat er einerseits die nötigen Freiräume zu konstituieren

stand zu halten. Auch der politische Staat als Herrschaftssubjekt soll sich demgemäß zügeln, desgleichen die schulischen Organe und Funktionsträger selbst. Statt dessen sollen *Professionalität und Partizipation* obwalten, und zwar in der Weise, daß der Erziehungs- und Bildungsauftrag pädagogisch-eigenständig erfüllt wird und daß eine Instrumentalisierung der pädagogischen Arbeit nicht mehr stattfindet. Oberster Richtwert müßte in alledem das wohlverstandene bildungsspezifische Kindeswohl sein. Dieser Ansatz wäre nun auch verfassungs- und schulrechtlich weiter auszuarbeiten.

4. Einige Schwierigkeiten mit der rechtlichen Realisierung

Wie sieht es damit nun aber in der juristischen Wirklichkeit aus? Diesbezüglich hat es eine Reihe von Anläufen und manche Hoffnungen gegeben, andererseits aber auch massive Widerstände. Von einem Erfolg des genannten moderaten Autonomiekonzepts in der Rechtspraxis kann auch heute noch nicht die Rede sein. Dazu mögen ein paar Stichworte genügen.

Seit den fünfziger Jahren hat sich aus schul- und verwaltungspraktischer Sicht *Hans Heckel* immer wieder für ein gewisses Maß an pädagogischer Freiheit von Schule und Lehrer eingesetzt.[31] *Heckel* hat die Kriterienfrage allerdings noch nicht systematisch bearbeitet und plausibel beantwortet. Die erwähnte außerrechtliche Autonomiedebatte hat er noch nicht rezipiert und berücksichtigt. In der Kriterienfrage wurde dann 1967 ein großer, schülerrechtlich ansetzender Fortschritt möglich, nämlich mit *Ekkehart Steins* Lehre vom „*Recht auf freie Bildung*" als Inhalt des Art. 2 Abs. 1 GG[32]; auf eine kurze Formel gebracht: Bildungsfreiheit der Schüler durch pädagogische Freiheit von Schulen und Lehrern. Ich habe um 1970 an diese bildungsrechtlichen Vorarbeiten angeknüpft, auch die bis dahin entstandenen einschlägigen schulgesetzlichen Regelungen

---

und abzusichern. Andererseits hat er aber auch Qualitätssicherung zu betreiben und die diesbezüglichen öffentlichen Bindungen und Inpflichtnahmen zu verdeutlichen.

[31] S. etwa *Hans Heckel/Paul Seipp*, Schulrechtskunde, 1. Aufl., Neuwied 1957, S. 102 f., 110, 168 f.; *Hans Heckel*, Die pädagogische Freiheit in der Sicht des Schulrechts, in: ders. u. a., Pädagogische Forschung und pädagogische Praxis, Heidelberg 1958, S. 99 ff.

[32] *Ekkehart Stein*, Das Recht des Kindes auf Selbstentfaltung in der Schule, Neuwied 1967. Weiter ausgeführt bei *Klaus-D. Heymann/Ekkehart Stein*, Das Recht auf Bildung. Dargestellt am Beispiel der Schulbildung, AöR 97, 1972, S. 185 (209 ff.). Dort S. 202 ff. auch zum Recht auf *gleiche* Bildung als Parallelfigur und sozialstaatlicher Determinante zugunsten von Chancengleichheit, einheitlichen Mindeststandards u. ä. Zu den Gleichheitsaspekten des Rechts auf Bildung (die mit dessen Freiheitsaspekten zusammenzusehen sind) engagiert und einläßlich auch *Lutz-R. Reuter*, Das Recht auf chancengleiche Bildung, Düsseldorf 1975; *Friedhelm Hufen*, Gleichheitssatz und Bildungsplanung, Baden-Baden 1975.

analysiert und versucht, alles dies mit der geisteswissenschaftlich-pädagogischen Autonomiedoktrin in der Lesart *Erich Wenigers* in Verbindung zu bringen[33].

Jenes Autonomiekonzept war zu der Zeit auch bereits in verschiedenen neueren, sozialwissenschaftlich unterfütterten bildungs- und schultheoretischen Ausformungen präsent. Dabei wirkten sich auch die zeitgenössischen Politisierungen und Emotionalisierungen im Gefolge der achtundsechziger Rebellion aus: Man sagte statt „Mündigkeit" nunmehr „*Emanzipation*" und meinte damit allerlei herrschaftskritische und gesellschaftsverändernde Ambitionen[34]. Auch kulturrevolutionärer Überschwang und Radikalismus bevölkerte damals die Szene. Er verlor dann aber schnell an Einfluß, es begann die „*Tendenzwende*", und man zog sich wieder in feste Häuser zurück. Unter diesen Umständen blieb auch die Schulverfassungsreform stecken.

Ein pragmatisches, durchaus maßvolles Konzept einer verstärkten curricularen und organisatorischen Selbständigkeit der einzelnen Schulen im Rahmen einer reformierten Staatsaufsicht entwickelte 1973/74 die Bildungskommission des Deutschen Bildungsrats[35]. Damit stieß diese Kommission, die ein breites Spektrum von Interesse und Sachverstand in sich vereinigte, auf unerwartete Widerstände. Es kam zu einem parteiübergreifenden reformverhindernden Bündnis von Bildungspolitikern und Kultusverwaltungen in den westdeutschen Ländern, und man machte dem Bildungsrat (inklusive Bildungskommission) wenig später überhaupt den Garaus.[36] Jener unglückliche Verlauf versteht sich vor dem Hintergrund der „Tendenzwende". Reformmüdigkeit, defensive Bestrebungen, Status-quo-Bewahrung, Instrumentalisierungstendenzen auf engem Raum, auch innerhalb der beiden parteipolitischen Lager (A- und B-Länder) –

---

[33] Vgl. *Stock* (Fn. 10), S. 28 ff., 69 f. (zu Heckel), 87 ff. (zu Ekkehart Stein), 137 ff., 158 ff. (zu Weniger).

[34] Weniger-Schüler setzten ihrem Lehrer schon 1967 einen Epitaph und beschrifteten ihn mit modischem Vokabular der „Neuen Linken": Ilse Dahmer/Wolfgang Klafki (Hrsg.), Geisteswissenschaftliche Pädagogik am Ausgang ihrer Epoche – Erich Weniger, Weinheim 1968; s. auch *Fritz Bohnsack/Georg M. Rückriem*, Pädagogische Autonomie und gesellschaftlicher Fortschritt, Weinheim 1969. Darin zeigt sich ein Bemühen um Weiterentwicklung des Autonomiegedankens, das allerdings oftmals zu vorschnellen, eher situativen Distanzierungen führt. Später mag man solche Aburteilungen dann bedauert haben. Zum weiteren Gang der Dinge *Gertrud Schiess*, Die Diskussion über die Autonomie der Pädagogik, Weinheim 1973; *Helmut Gaßen*, Geisteswissenschaftliche Pädagogik auf dem Wege zur kritischen Theorie, Weinheim 1978.

[35] Kernstück war dabei die sog. Partizipationsempfehlung: Deutscher Bildungsrat. Empfehlungen der Bildungskommission, Zur Reform von Organisation und Verwaltung im Bildungswesen, Teil I, Verstärkte Selbständigkeit der Schule und Partizipation der Lehrer, Schüler und Eltern, Stuttgart 1973.

[36] Näher *Klaus Hüfner* u. a., Hochkonjunktur und Flaute: Bildungspolitik in der Bundesrepublik Deutschland 1967–1980, Stuttgart 1986, S. 149 ff.

das war es, was nun erst einmal den Zeitgeist bestimmte. In jenem beengten Milieu hatte eine liberal-offene und partizipative Lesart des schulischen Erziehungs- und Bildungsauftrags wie diejenige der Bildungskommission keine Chance. Es kam auch nicht mehr zur Klärung der (von der Kommission nur beiläufig behandelten) verfassungsrechtlichen Grundlagen[37], und die nötigen pädagogischen Präzisierungen und Ausarbeitungen blieben aus. In diesen Strudel gerieten auch meine damaligen konzeptionellen Bemühungen mitsamt den theoretischen Grundlegungen *Wenigers* und seiner Schule. Alles dies stieß auf Unlust und Anfeindung. Schließlich ging man zum Muddling through über, wie es dann in der Staatspraxis jahrzehntelang betrieben wurde; es drückt sich auch noch in den gegenwärtig geltenden Schulverwaltungs- und Schulmitwirkungsgesetzen aus.[38]

5. Neue Initiativen, neue Unsicherheiten

Manchmal hat es den Anschein, als gehe diese Stagnationsperiode jetzt zuende. In den neunziger Jahren ist, wie eingangs erwähnt, wieder eine breite und vielstimmige Autonomiediskussion in Gang gekommen. In Nordrhein-Westfalen beispielsweise wurde 1992 die vom Ministerpräsidenten berufene unabhängige Kommission „Zukunft der Bildung – Schule der Zukunft" tätig, die in

---

[37] Ein juristisch eingekleideter bildungspolitischer Haupteinwand wurde von den Skeptikern aus Art. 7 Abs. 1 GG hergeleitet, den man auch schon damals als Reformhindernis ausdeutete. Beliebt war die Warnung vor schuldemokratischen Exzessen (Anarchie-Argument). Schulfreiheit war hiernach wohl gar so etwas wie die Büchse der Pandora – und diese sollte jedenfalls verschlossen bleiben. Dazu *Martin Stock*, Modelle der Reform von Curricula und der Prozeß der gesetzlichen Verankerung (verfassungsrechtlicher Aspekt), in: Karl Frey (Hrsg.), Curriculum-Handbuch, Bd. III, München 1975, S. 88 ff. m. w. N. Auch das Recht auf Bildung geriet nun zwischen die Fronten. Mit seinen egalitären und sozialen Aspekten wurde es von Reformkräften in dem Streit um die Gesamtschule gern als Verfassungstitel in Anspruch genommen. Die Gegenseite kreierte daraufhin einen gegenteiligen Anspruch (Recht auf Gymnasium kontra Recht auf Gesamtschule). So wurde das Recht auf gleiche Bildung politisiert, polarisiert und verschlissen; es führte fortan nur noch ein bescheidenes rechtliches Dasein. Erst viel später konnte es wieder zum Gegenstand ruhiger Überlegung werden. Vgl. *Hans D. Jarass*, Zum Grundrecht auf Bildung und Ausbildung, DÖV 1995, S. 674 ff. Als Recht auf freie Bildung hatte dieses Grundrecht zeitweise konservativ-liberale Fürsprecher, allerdings in einer verengten Version („Recht auf eine ideologisch tolerante Schule"). Dazu *Martin Stock*, Schule im Rechtsstaat, RdJB 1978, S. 4 (12 ff.). Für lehrer- und schulrechtliche Konsequenzen in Richtung auf pädagogische. Autonomie war diese Basis zu schmal.

[38] Dazu *Frank Hennecke*, Schule und Selbstverwaltung – Schülermitverwaltung und Elternmitwirkung in der Schulorganisation, in: Albert von Mutius (Hrsg.), Selbstverwaltung im Staat der Industriegesellschaft, Heidelberg 1993, S. 931 ff.; *Martin Stock*, Schulrechtliche Aspekte von Elternpartizipation, in: Wolfgang Melzer (Hrsg.), Eltern – Schüler – Lehrer, Weinheim 1985, S. 27 ff.

Zusammensetzung und pragmatischer Orientierung der Bildungskommission des Deutschen Bildungsrats ähnelte. Sie legte 1995 eine umfängliche und facettenreiche Denkschrift über Zukunftsfragen des Schulwesens vor.[39] Darin finden sich Vorschläge für eine „Teilautonomie" aller Einzelschulen, welche schon recht munter und unbeschwert klingen. Die Denkschrift ermangelt allerdings einer vertieften bildungstheoretischen Begründung, arbeitet die vorhin aufgezeigte Vorgeschichte nicht weiter auf und bietet noch keine exakten schulrechtlichen Konkretisierungen. Diese Schrift, die auch über die Landesgrenzen hinaus viel gelesen wurde, löste in Nordrhein-Westfalen in Politik und Schulpraxis eine lebhafte Autonomiedebatte aus. Dabei zeigten sich mancherlei Ambivalenzen und Unsicherheiten. Von freundlichem Beifall bis zu düsteren Warnungen war so gut wie alles zu hören.[40]

Aufgrund eines positiven Votums der Düsseldorfer Landtagsmehrheit (SPD und Grüne) entfaltete das Schulministerium erst einmal umfangreiche dialogfördernde Aktivitäten. Bei der praktischen Umsetzung der Kommissionsempfehlungen wurde dann ein verhaltenes Tempo angeschlagen.[41] An dem schulrechtlichen Parlaments- und Gesetzesvorbehalt meinte man vorerst vorbeikommen zu können.[42] Von der Bertelsmann-Stiftung werden gegenwärtig auf vertraglicher Grundlage zwei subregionale Versuchsprojekte begonnen.[43] Das

---

[39] Fn. 3.

[40] Als Kommissionsmitglieder um Verständnis und Beifall werbend z.B. *Wolfgang Klafki*, Lernen für die Zukunft, Die Deutsche Schule 1996, S. 157 ff., aber auch *Reinhard Mohn*, Größtmögliche Freiheit – größtmögliche Verantwortung, Erziehung und Wissenschaft 1996, Heft 7–8, S. 2. Zahlreiche eher skeptische oder warnende Stimmen gleichwohl in: Konrad-Adenauer-Stiftung (Fn. 6); Schlaffke/Westphalen (Fn. 6). Näher *Stock* (Fn. 3) m. w. N., auch zum folgenden.

[41] Die bisherige Vorgehensweise ist im einzelnen dokumentiert in folgenden vom Ministerium für Schule und Weiterbildung des Landes N.-W. herausgegebenen Broschüren: Bericht über Zwischenergebnisse des Dialogs zur Denkschrift der Kommission „Zukunft der Bildung – Schule der Zukunft" (Zwischenbericht), Frechen 1996; „... und sie bewegt sich doch!" Entwicklungskonzept „Stärkung der Schule", Frechen 1997; „Zukunft der Bildung – Schule der Zukunft". Zweieinhalb Jahre Dialog um die Denkschrift. 2. Zwischenbericht, Düsseldorf 1998; s. auch Ulrich Schmidt, Präsident des Landtags N.-W. (Hrsg.), „Zukunft der Bildung – Schule der Zukunft". Die Denkschrift der Bildungskommission des Ministerpräsidenten zwei Jahre im öffentlichen Dialog, Düsseldorf 1997.

[42] Überraschenderweise wollte und will N.-W. – anders als die oben in Fn. 4 genannten Länder – sogar Schulprogramme durch bloße Verwaltungsvorschrift des Schulministeriums flächendeckend einführen: Entwicklung von Schulprogrammen. Runderlaß vom 15.6.1997, GABl. S. 171.

[43] Wilfried Lohre (Hrsg.), „Schule & Co." Stärkung von Schulen im kommunalen und regionalen Umfeld. Ein gemeinsames Projekt des Ministeriums für Schule und Weiterbildung NRW und der Bertelsmann-Stiftung ... im Kreis Herford und in der Stadt Leverkusen, Gütersloh 1997; ders. (Hrsg.), Schule & Co. Projektreport 1. Das Projekt entsteht, Gütersloh 1998.

Echo im Lande blieb unterdessen zwiespältig. Die CDU-Opposition im Landtag scheint nach anfänglichem Zögern nunmehr vollends auf Gegenkurs zu gehen. Bei ihr wird ein nostalgisches Sehnen nach einer starken staatlichen Schulhoheit alter Art bemerkbar – ein rückwärtsgewandtes, von Irritation und Besorgnis diktiertes Begehren, das auch wieder in staatsrechtlicher Umsetzung (Art. 7 Abs. 1 GG als Sperriegel) vorgetragen wird; von „Verschlankung", „Neuem Steuerungsmodell" u. ä. ist insoweit wenig zu hören. Das Schulministerium seinerseits zeigt sich mittlerweile unter dem Druck der Opposition, angesichts herannahender Wahltermine, zunehmend unentschlossen und zögerlich. Es neigt jetzt dazu, das Erfordernis einer „Stärkung" der Schule – von „Autonomie" spricht man lieber nicht mehr, auch nicht von „Teilautonomie" – mit Gesichtspunkten der „Entwicklung und Sicherung der Qualität schulischer Arbeit" in Verbindung zu bringen. Von Selbst- und Fremdevaluation, zwingenden Grundstandards, zentralen Vorgaben, Tests und Kontrollen usw. ist nun viel die Rede.[44] Alles dies sind Symptome einer Übergangslage, in der ein wirklich tragfähiger Reformkonsens noch nicht zu sehen ist.

III. Und wie wird es weitergehen?

Wer hier weiterkommen will, wird sich zunächst wieder den konzeptionellen Grundlagen zuwenden müssen. Verfassungsrechtlich gesehen geht es dabei vor allem um eine Präzisierung der Sachkriterien, anhand derer die einzelne öffentliche Schule zur Selbststeuerung zu befähigen, dem gesellschaftlichen Umfeld funktionell zuzuordnen und demgemäß zu beaufsichtigen ist. Es empfiehlt sich, hierfür wiederum bei dem Erziehungs- und Bildungsauftrag nach Art. 7 Abs. 1 i. V. m. Art. 2 Abs. 1 GG anzusetzen. Das Mündigkeitsziel, das dabei im Mittelpunkt steht, findet in dem Recht auf Bildung als Recht auf *freie* Bildung i. S. *Ekkehart Steins* den entscheidenden objektivrechtlichen Maßstab. Solche Bildungsfreiheit hat Bildungsgleichheit als Chancengleichheit nach Art. 3 Abs. 1 GG zum notwendigen Gegenstück. Hieraus lassen sich dann eine Reihe von Grundsätzen und Richtwerten für die nähere Ausgestaltung der Schulverfassung

---

[44] Ministerium für Schule und Weiterbildung des Landes N.-W., Bericht an den Landtag des Landes N.-W. zur „Entwicklung und Sicherung der Qualität schulischer Arbeit", Hekt. Düsseldorf 1998. Die CDU-Fraktion suchte mit zahlreichen Entschließungsanträgen eine derartige Akzentverschiebung voranzutreiben und eine Qualitätsdebatte zu forcieren, etwa: Stopp für neue Gesamtschulen!, LT-Drucks. 12/3405 vom 22.10.1998; Notwendige Konsequenzen aus Abiturvergleichen ziehen: Vergleichbarkeit durch zentrale Prüfungen gewährleisten – Rahmenbedingungen für guten Unterricht bereitstellen! LT-Drucks. 12/3530 vom 26.11.1998. Der Qualitätsbegriff wurde dabei zusehends unscharf, auch er ist von der neuerlichen Verunsicherung betroffen und wird im Parlament zerredet.

herleiten, zunächst in curriculumrechtlicher und sodann in organisations-, verfahrens-, personal- und finanzrechtlicher Hinsicht. Das habe ich an anderer Stelle[45] genauer dargelegt und beschränke mich hier auf das Wichtigste.

Auf curricularer Ebene ist nach den genannten normativen Vorgaben eine *innere Vielfalt* erforderlich, die mit einem entsprechenden materialen Öffentlichkeitsprinzip als *pädagogischem Diskursprinzip* einhergehen muß. Das betrifft etwa den Spielraum und Stellenwert jeweils eigenverantwortlich zu entwickelnder, unterschiedlicher *Schulprogramme*: Dürfen diese auf eine Aufgliederung, je eigene Profilierung und marktmäßige Konkurrenz der Schulen anhand irgendwelcher religiöser, politischer oder sozialökonomischer[46] sowie – jeweils sekundär – pädagogischer Tendenzvorzeichen hinauslaufen? Soll sich auf dem öffentlichen Sektor eine „*Schulvielfalt*"[47] kraft einer Schulfreiheit herausbilden, welche auf dieser oder jener heteronomen, bekenntnisartig verfestigten Tendenzpädagogik beruht und z. B. „schwarze, gelbe, rote und grüne Schulen"[48] entstehen läßt? Für derartige äußere Pluralisierungen bietet nach bisherigem Verständnis das *Privatschulrecht* einigen Raum. Heutigen Autonomisierungskonzepten wohnt denn auch manchmal ein erhebliches, womöglich ganz unreflektiert bleibendes Privatisierungspotential inne. Demgegenüber kommt es m. E. darauf an, den Öffentlichkeitscharakter der öffentlichen Schulen wieder inhaltlich zu fassen und deutlicher zu betonen, zunächst auf Curriculumebene. Hier ist – um einen rundfunkrechtlichen Grundbegriff[49] auszuleihen – Binnenpluralität unverzichtbar. Sie muß die Schüler instandsetzen, auf der Grundlage vorhandener kultureller Ressourcen, aber unabhängig von vorhandener Meinungsmacht ihre je eigenen Standpunkte, Einstellungen, Identitäten zu bilden. Auch insoweit muß das Öffentliche an den öffentlichen Schulen inhaltlich eingelöst und pädagogisch-schulrechtlich wiedergewonnen werden. Ein so verstandenes Öffentlichkeitsprinzip wird für unterschiedliche, dezentral und flexi-

---

[45] Zuletzt *Stock* (Fn. 3), S. 375 ff.

[46] Vgl. nur *Jürgen Klausenitzer*, Wider die Risiken der Schulautonomie, Die Deutsche Schule 1999, S. 6 ff., über Entwicklungen auf dem englischen „Schulmarkt", wonach insb. wirtschaftliche Marktdynamiken dort zu verschärfter Ungleichheit und sozialer Selektion beim Zugang zu Schulen führen.

[47] Diesen Terminus hat Jach (Fn. 10) leitmotivisch entwickelt und facettenreich dargestellt. Im Rahmen eines weiter ausgreifenden Konzepts von „Bürgerschule" jetzt auch ders., Schulverfassung und Bürgergesellschaft in Europa, 1999.

[48] Vgl. *Avenarius* (Fn. 6), S. 256 (FAZ-Zitat Roland Glaser).

[49] Seit BVerfGE 57, S. 295 (325) (FRAG-Urteil). Zu Sachzusammenhang und kategorialem Rahmen *Martin Stock*, Medienfreiheit als Funktionsgrundrecht, München 1985, S. 325 ff. und passim. Ähnlich *Frank-R. Jach*, Programm- und Organisationsanforderungen für private Veranstalter in der dualen Rundfunkordnung, DÖV 1992, S. 730 ff. Der Vielfaltbegriff ist im Medien- wie auch im Schulrecht einschlägig, und er ist als beiderseitiger Schlüsselbegriff tauglich, vorausgesetzt, er wird nicht außenplural verkürzt und banalisiert.

bel zu handhabende pädagogische Schwerpunktsetzungen einigen Raum bieten. Dabei müssen aber die öffentlichen Essentialien stets vorbehalten bleiben, nämlich innere integrative Vielfalt, aufklärerischer Impetus und Diskursprinzip, oder statusrechtlich gewendet: Bildungsfreiheit der Schüler und pädagogische Freiheit von Lehrern und Schulen.

Der wohlverstandene Schulauftrag setzt also auch einen entsprechenden eigenständig-pädagogischen Lehrerstatus voraus und zugleich ein entsprechendes Organisationsstatut der jeweiligen Schule im ganzen. Er bedingt eine besondere fremdnützige und dabei ihrer selbst sichere, auf Ausbildung und Erfahrung beruhende *Professionalität*. Deren gesellschaftlich-kulturelle Bedeutung und eigene Positionalität haben ältere Autoren wie *Weniger* immer wieder aufgewiesen – ein Wissensschatz, der jetzt endlich einmal gehoben werden sollte. Ein so geartetes, auf Professionalisierung und Partizipation beruhendes reflexives Steuerungspotential sollte sich in jeder einzelnen öffentlichen Schule herausbilden und fortlaufend erneuern können. Dazu bedarf es auch der Mitwirkung des Staats. Ihm obliegt die Gewährleistung einer funktionstüchtigen inneren und äußeren Schulverfassung i. S. „regulierter Selbstregulierung"[50].

Die Schule als „Haus des Lernens", auch als „lernende" pädagogische Handlungseinheit[51] – das ist gewiß ein vernünftiges Projekt. Um es noch einmal zu betonen: Die entscheidende Antriebskraft wird dabei die Lehrerschaft darstellen müssen („*Lehrerschule*"). Stabilisierendes und verbindendes Element, auch Garant des nötigen Maßes an Einheitlichkeit und Zusammenhang in curricularer Hinsicht, erste Adresse für Qualitätsansprüche, Steuerungsbegehren, Rechenschaftsverlangen etc., kurz: tragende Säule der autonomisierten Schulverfassung muß die wohlverstandene pädagogische Freiheit sein. Sie sollte vom Schulgesetzgeber nunmehr als *Funktionsfreiheit* erkannt und als solche systematisch entfaltet und elaboriert werden, ungefähr ebenso wie die Rundfunkfreiheit in der Deutung des Bundesverfassungsgerichts[52]. Und auf diese Weise werden wir schließlich auch zu einem funktionsadäquaten öffentlich-privaten *dualen Schulsystem* gelangen können, wieder indirekt inspiriert durch das Karlsruher FRAG-Urteil[53].

---

[50] Eine heute auch sonst geläufige, z. B. auch in der Diskussion über Rundfunkregulierung begegnende Formel; s. *Wolfgang Hoffmann-Riem*, Aufgaben zukünftiger Medienregulierung, in: Jörg Tauss u. a. (Hrsg.), Deutschlands Weg in die Informationsgesellschaft, Baden-Baden 1996, S. 568 ff.

[51] Lieblingswörter der Bildungskommission NRW (Fn. 3).

[52] Zu deren Typik Fn. 49. Ihr gegenüber ist die pädagogische Freiheit bislang schon insofern im Rückstand, als ihr nach h. M. jeglicher Grundrechtsrang abgeht. Statt aller *Herbert Bethge*, in: Sachs (Fn. 9), Art. 5 Rdnr. 212; *Robbers* (Fn. 10), Rdnr. 30.

[53] Fn. 49. Zu dem medienrechtlichen Dualismus und seinen tieferen Problemen *Martin Stock*, Marktmodell kontra Integrationsmodell?, AöR 110, 1985, S. 219 ff.

Denn das Privatschulrecht wird gut beraten sein, ebenfalls in diese Richtung aufzubrechen. Auch Art. 7 Abs. 4 Satz 1 GG enthält so gesehen ein Funktionsgrundrecht (und nicht nur ein Menschen- und Bürgerrecht als liberales Abwehrrecht). Dem dienenden Charakter solcher Funktionsrechte entspricht eine öffentliche Aufgabe, welche nicht etwa nur Privilegien rechtfertigt[54]. Sie schließt auch Inpflichtnahmen ein, beginnend mit dem normativen Schulauftrag und seiner curricularen Umsetzung. Das Mündigkeitsziel beispielsweise wird für den privaten Sektor grundsätzlich ebenso gelten müssen wie für den öffentlichen Sektor[55]. Das privatschulrechtliche Gleichwertigkeitsprinzip[56] mag dann innerhalb dieses Rahmens einigen Raum finden, insbesondere hinsichtlich der Mittel und Wege der Zielerreichung. Entsprechendes gilt für die relative pädagogische Autonomie. Wird sie gleichermaßen ernstgenommen und institutionalisiert wie auf dem öffentlichen Sektor, dann werden sich auch weitere schwierige Fragen klären lassen, so diejenige, ob und inwiefern „freie Schulen" auch im Innenverhältnis zu ihrem Träger von Rechts wegen eine pädagogische Funktionsfreiheit genießen könnten und sollten.

In diesem Zusammenhang fällt der Blick alsbald wieder auf den Vielfaltmodus: Wird Schulvielfalt im Privatschulrecht in der Hauptsache als externe Trägervielfalt konzipiert und wird dabei an unterschiedlich schattierte Tendenzpädagogik, an Außenpluralität, an Wettbewerb auf Meinungs- oder gar auf ökonomischen (und sekundär pädagogischen) Märkten gedacht? Wo das noch der Fall ist, kann von Bildungsfreiheit und pädagogischer Freiheit in dem hier umrissenen besonderen Sinn nicht ernstlich die Rede sein. Vielmehr hat man es dann mit einem massiven anti-autonomen und anti-professionellen fremden Lenkungspotential zu tun. Eine inhaltlich anspruchsvolle, materiale Öffentlichkeitsidee läßt sich dann schwerlich entwickeln. Um so weniger könnte der Anspruch erhoben werden, solche materiell-privaten Standards auch auf das bisherige öffentliche Schulwesen zu erstrecken. Das wäre denn doch eine Nacht, in der alle Katzen grau sind ... Wir bekämen womöglich ein duales Schulsystem,

---

[54] Öffentliche Finanzhilfe oder sogar Vollfinanzierung beispielsweise wird längerfristig am ehesten dadurch legitimierbar sein, daß genau dargetan wird, welche öffentlichen Lasten von den Privaten übernommen werden: Was ist daran eigentlich das (materiell) Öffentliche? Weshalb ist eine entsprechende (ökonomische) Marktferne vonnöten, d. h., warum soll der private Sektor nicht kommerzialisiert werden, wie es im Rundfunkbereich längst geschehen ist? Zur Privatrundfunkfinanzierung vergleichsweise *Steffen Koch*, Möglichkeiten der Beteiligung privater Rundfunkveranstalter am Rundfunkgebührenaufkommen der Bundesrepublik Deutschland, Frankfurt/M. 1998; s. auch *Jach* (Fn. 49), S. 737.
[55] Interessante Aspekte bietet insoweit der Fall VG Hamburg, RdJB 1990, S. 436 ff., OVG Hamburg, RdJB 1991, S. 99 ff. und BVerwGE 90, S. 1 ff. Im Ergebnis bleibt dies aber noch sehr zaghaft.
[56] Dazu *Heckel/Avenarius* (Fn. 10), S. 148 ff.; *Johann P. Vogel*, Das Recht der Schulen und Heime in freier Trägerschaft, 3. Aufl., Neuwied 1997, S. 26 ff.

das auf eine „Konvergenz nach unten"[57] angelegt wäre. Was wir aber dringend brauchen, ist die gegenteilige Lösung, nämlich eine duale Ordnung auf dem Boden des Gleichwertigkeitsgrundsatzes[58]. Im Rundfunkwesen ist das heute nur noch ein schöner Traum. Im Schulwesen ist es für eine derartige „Große Lösung" wohl noch nicht zu spät. Daran wird noch weiter zu arbeiten sein.

---

[57] Nämlich auf die Angleichung des öffentlichen an den privaten Sektor. Über vergleichbare Prognosen und Postulate im Rundfunkwesen *Martin Stock*, Konvergenz im dualen Rundfunksystem?, Media Perspektiven 1990, S. 745 ff. (gegen Wolfgang Clement). Anders *Thomas Bruns/Frank Marcinkowski*, Konvergenz revisited, Rundfunk und Fernsehen 1996, S. 461 ff. Ich sprach über Normativität, die anderen über Empirie, und dies konnte nicht zueinander kommen.

[58] Fn. 56. Das FRAG-Urteil enthielt auch für den dualen Rundfunk ein Gleichwertigkeitskonzept (bei Maßstäblichkeit des öffentlichen Sektors). Dieses scheiterte allerdings bald an den kommerziellen Realitäten. In BVerfGE 73, S. 118 ff. (Niedersachsen-Urteil) wurde es dann großenteils fallengelassen. Dazu *Martin Stock*, Ein fragwürdiges Konzept dualer Rundfunksysteme, Rundfunk und Fernsehen 1987, S. 5 ff., s. auch *Jach* (Fn. 49), S. 730 ff.

Kommunitarismus, Liberalismus und Bürgergesellschaft im Bildungswesen

Frank-Rüdiger Jach

I. Aufgabe der Schule in der pluralistischen Gesellschaft

Die Freiheit, nichtstaatliche Schulen zu gründen und zwischen staatlichen und nichtstaatlichen Einrichtungen frei wählen zu können, gehört ebenso zum Kernbestand demokratischer Staaten wie das staatliche Toleranzgebot und das Indoktrinationsverbot. Totalitäre Systeme sind demgegenüber unter anderem daran zu erkennen, daß sie ein staatliches Schulmonopol besitzen und die Prinzipien des gesellschaftlichen Pluralismus ebenso verletzen wie die Achtung der primären Erziehungsverantwortung der Eltern und den Grundsatz der weltanschaulichen Neutralität des Staates.

Die Wahrung dieser Grundsätze ist in einer offenen Gesellschaft der zivilisatorische Mindeststandard, wie er sich verbindlich in den Grund- und Menschenrechten ausdrückt. Hierbei steht die Schule neben der Verpflichtung, ein ausreichendes Maß an Wissen zu vermitteln, vor der großen Aufgabe, die Schüler in einer Auseinandersetzung mit Werten sozialfähig zu machen und sie zugleich dabei doch zu einer eigenen Identität finden zu lassen. Insofern setzt Art. 7 Abs. 1 GG mit der Schulaufsicht des Staates auch ein staatliches Schulerziehungsrecht voraus.[1]

In diesem Sinn führt das Bundesverfassungsgericht aus, daß sich „der Lehr- und Erziehungsauftrag der Schule nicht darauf beschränkt, nur Wissen zu vermitteln ... Die Aufgaben der Schule liegen auch auf erzieherischem Gebiet"[2].

Der Auftrag der Schule, den Art. 7 Abs. 1 GG nach der Auffassung des Bundesverfassungsgerichts voraussetzt, hat neben der Aufgabe, Wissensstoff zu vermitteln, insoweit „auch zum Inhalt, das einzelne Kind zu einem selbstverantwortlichen Mitglied der Gesellschaft heranzubilden."[3]

---

[1] BVerfGE 34, 165 (183); 41, 29 (44); 47, 46 (72).
[2] BVerfGE 47, 46 (72).
[3] BVerfGE 47, 46 (72).

Die Institution Schule ist demnach „nicht notwendig nur eine Anstalt zur Erschließung und Förderung von Begabungen, sie soll auch zur Persönlichkeitsentwicklung des Kindes und zu seiner Eingliederung in die Gesellschaft beitragen"[4]. Der schulische Erziehungsauftrag umfaßt daher auch die Erziehung zum Sozialverhalten.[5] Damit drückt sich in der Erziehungsaufgabe der Schule das grundlegende Spannungsverhältnis moderner Gesellschaften aus: Wie sind Freiheit und Verantwortung miteinander zu verknüpfen, um individuell und gesellschaftlich zu wirken?

Auch das Grundgesetz sucht die Synthese von Freiheit und Verantwortung. Es ist dies die Basis dessen, was wir als die „Wertordnung" und „das Menschenbild des Grundgesetzes" verstehen. Das Bundesverfassungsgericht hat es in Bezug auf Letzteres folgendermaßen beschrieben: „Das Menschenbild des Grundgesetzes ist nicht das eines isolierten souveränen Individuums; das Grundgesetz hat vielmehr die Spannung Individuum – Gemeinschaft im Sinne der Gemeinschaftsbezogenheit der Person entschieden, ohne dabei deren Eigenwert anzutasten."[6] Auch wenn damit einer Partikularisierung der Gesellschaft Schranken gezogen werden und das Bundesverfassungsgericht in der Tradition Kants die Freiheit der Person in einen sozialen Grundkontext stellt, so ist dennoch in der heutigen Staatsrechtslehre unbestritten, daß die Vielfalt und Offenheit der Wertvorstellungen in der Gesellschaft die Basis einer freiheitssichernden Grundrechtsinterpretation sein müssen. Nur so bleibt im Sinne von Art. 1 Abs. 1 GG, der Garantie der Menschenwürde, und Art. 2 Abs. 1 GG, dem Recht auf freie Entfaltung der Persönlichkeit, das Recht auf das je eigene Menschenbild im Sinne der Findung der eigenen Identität gesichert. Nur so wird verhindert, daß über eine wertbezogene Pflichteninterpretation statt einer Grundrechtsgewährung gleichsam eine Grundrechtsbeschränkung aufgebaut wird.[7]

Das Bundesverfassungsgericht hat insoweit den freiheitssichernden Aspekt der institutionellen Garantie des privaten Ersatzschulwesens deutlich herausgearbeitet: „Die Privatschulfreiheit ist im Blick auf das Bekenntnis des Grundgesetzes zur Würde des Menschen (Art. 1 Abs. 1 GG), zur Entfaltung der Persönlichkeit in Freiheit und Selbstverantwortlichkeit (Art. 2 Abs. 1 GG), zur Religions- und Gewissensfreiheit (Art. 4 Abs. 1 GG), zur religiösen und weltanschaulichen Neutralität des Staates und zum natürlichen Elternrecht (Art. 6 Abs. 2 Satz 1 GG) zu würdigen. Diesen Prinzipien entspricht der Staat des Grundgesetzes, der für die Vielfalt der Erziehungsziele und Bildungsinhalte und

---

[4] BVerfGE 34, 165 (188).

[5] BVerfG, NJW 1982, 250.

[6] BVerfGE 30, 1 (20); 56, 37 (49); 65, 1 (44) m. w. H.

[7] S. hierzu *Wolfram Höfling*, Art. 1 GG Rdnr. 29, in: Michael Sachs, GG-Kommentar, 2. Aufl., München 1999.

für das Bedürfnis seiner Bürger offen sein soll, in der ihnen gemäßen Form die eigene Persönlichkeit und die ihrer Kinder im Erziehungsbereich der Schule zu entfalten."[8]

Dies gilt nach dem Abschied vom besonderen Gewaltverhältnis grundsätzlich auch im staatlichen Schulsystem. So ist heute anerkannt, „daß unter dem Grundgesetz hauptsächlich in Folge der Geltungskraft der Grundrechtsposition der Art. 2 Abs. 1, Art. 6 Abs. 2, Art. 7 Abs. 4, Art. 28 Abs. 2 GG die Schulaufsicht nicht mehr wie früher im Sinne einer völlig umfassenden staatlichen Schulgestaltungsmacht verstanden werden kann, sondern wie alle öffentliche Gewalt gebunden und begrenzt ist"[9].

II. Schulvielfalt und die Verstaatlichung des Bildungswesens

Schulvielfalt ist Ausdruck der Menschenwürde und des Rechts auf freie Entfaltung der Persönlichkeit und kann nur in einer Bürgergesellschaft in der Ablehnung eines kulturellen Universalismus verwirklicht werden. Der demokratische Verfassungsstaat erfährt seine Existenzberechtigung selbst erst aus der Vielschichtigkeit und auch Widersprüchlichkeit individueller Selbstverwirklichung innerhalb unseres Verständnisses von Menschenwürde.

Das Verfassungsrecht soll aber auch einer Atomisierung, Entwurzelung und Fragmentierung der Gesellschaft als Folge überzogener Liberalisierungs- und Individualisierungstendenzen[10], deren Opfer die sozial Schwachen sind, entgegenwirken. Dies bedeutet, daß gesamtgesellschaftlich zwar ein Konsens hinsichtlich des übergeordneten, allgemeinen Erziehungsauftrags herrschen muß, es jedoch unter Achtung des Prinzips der Verteilungsgerechtigkeit den gesellschaftlichen Gruppen selbst überlassen sein muß, wie dieses Ziel pädagogisch umgesetzt wird und mit welchen Binnendifferenzierungen Erziehungsziele wie Mündigkeit besetzt werden.

Die Verstaatlichung von Schule erschien lange Zeit als Voraussetzung für die Verwirklichung von Chancengleichheit. Mit der zunehmenden Bürokratisierung und Verrechtlichung sollte zudem rechtsstaatliche Sicherheit garantiert werden. „Auch im Schulverhältnis spielt die Grundrechtsrelevanz eine erhebliche Rolle. Die Grenze zwischen dem staatlichen Erziehungsauftrag (Art. 7 Abs. 1 GG) und

---

[8] BVerfGE 75, 40 (62 f.).
[9] *Thomas Oppermann*, Nach welchen Grundsätzen sind das öffentliche Schulwesen und die Stellung der an ihm Beteiligten zu ordnen? – Gutachten (wie Caesar) für den 51. Deutschen Juristentag, München 1976, S. C 47.
[10] S. hierzu *Winfried Brugger*, Kommunitarismus als Verfassungstheorie, AöR 123, 1998, S. 337 (342).

dem Elternrecht (Art. 6 Abs. 2 GG) sowie den Persönlichkeitsrechten des Kindes (Art. 2 Abs. 1 GG) sind oft flüssig und nur schwer auszumachen. Ihre Markierung ist für die Ausübung dieser Grundrechte vielfach von maßgebender Bedeutung. Sie ist daher Aufgabe des Gesetzgebers."[11] Doch dieser Prozeß der institutionellen Normenbindung hat das Versprechen der Verwirklichung von Chancengleichheit nicht eingelöst, denn – wie Ingo Richter jüngst in seinen sieben Todsünden der Bildungspolitik konstatiert –: „Die Bildungsinstitutionen können die Bedürfnisse der Lernenden nicht befriedigen, weil sie normativ geprägt, potentiell total verfaßt und grundsätzlich egalitär ausgerichtet sind."[12]

Hieraus, wie auch aus den inzwischen zahlreich vorliegenden Untersuchungen zum Schulerfolg von Schülern, können wir nur die Konsequenz ziehen, daß die Grundsätze des gesellschaftlichen Pluralismus, des Rechts des Kindes auf umfassende Entfaltung der Persönlichkeit und der Chancengerechtigkeit nur durch die Ermöglichung von Chancenvielfalt verwirklicht werden können, indem Eltern und Schüler gemäß ihren Begabungen zwischen verschiedenen pädagogischen Optionen frei wählen. Hierbei gelingen erzieherische Prozesse dort am besten, wo Eltern, Lehrer und Schüler auf einer gemeinsamen Grundüberzeugung und Wertorientierung arbeiten. Ich habe diese Position verschiedentlich dargelegt und versucht darzustellen, daß das staatliche Schulsystem hieran scheitern muß, wenn sich nicht die jeweilige Einzelschule ein spezifisches pädagogisches Profil geben kann, für welches sich Eltern und Schüler frei entscheiden.[13]

Nach herrschender Meinung und der des Bundesverfassungsgerichts umfaßt der Begriff der staatlichen Schulaufsicht nach Art. 7 Abs. 1 GG als Amtsauftrag die umfassende Gestaltungsbefugnis des Staates zur Organisation, Planung, Leitung und Beaufsichtigung des Schulwesens. Hierbei handelt es sich nicht um eine dispositive Regelung, sondern nach herrschendem Verfassungsverständnis beinhaltet dies zugleich die Verpflichtung des Staates, Unterricht und Erziehung in den staatlichen Schulen grundsätzlich als öffentlich-rechtliche Tätigkeit in der Verantwortung des Staates durchzuführen. Hiernach besteht der Auftrag der Schule insbesondere in der Umsetzung der vorgegebenen Bildungsziele, Lernziele und Lehrinhalte sowie der Festlegung und Durchführung von Leistungs- und Bewertungsstandards im Sinne eines eigenständigen staatlichen Erziehungsauftrages. Diese extensive Interpretation des Begriffs der staatlichen Schulaufsicht unterliegt schwerwiegenden verfassungsrechtlichen Bedenken, da hier der Begriff der „Aufsicht" in einer der sonstigen Verwendung des Begriffs

---

[11] BVerfGE 47, 46 (80).

[12] *Ingo Richter*, Die sieben Todsünden der Bildungspolitik, München/Wien 1999, S. 157.

[13] Grundlegend hierzu *Frank-Rüdiger Jach*, Schulvielfalt als Verfassungsgebot, Berlin 1991.

Kommunitarismus, Liberalismus und Bürgergesellschaft im Bildungswesen 81

der Aufsicht, die stets die Aufsicht über eine sich selbstverwaltende Körperschaft oder Anstalt des öffentlichen Rechts meint, widersprechenden Interpretation ausgelegt wird. Nach meiner Ansicht muß der Begriff der staatlichen Schulaufsicht im grundgesetzlichen Sinn heute als eine Rechtsaufsicht interpretiert werden, so daß die umfassende Verstaatlichung des Bildungswesens keinesfalls verfassungsrechtlich zwingend vorgegeben ist.

Jedenfalls zumindest in der Kritik des Bestehenden scheint deutlich zu werden, daß auch bei den Bildungsrechtlern ein Umdenkungsprozeß eingesetzt hat. So sei nochmals Ingo Richter aus seinen sieben Todsünden der Bildungspolitik zitiert: „Die politischen Versprechungen, die mit der Verstaatlichung verbunden waren, blieben freilich unerfüllt. Das verstaatlichte Bildungswesen der Gegenwart gewährleistet weder die Selbstverwirklichung der Individuen noch die Gleichheit der Gleichen, noch die Gemeinschaftlichkeit der Bürgerinnen und Bürger. Zu einer Verwirklichung des ‚Projekts der Moderne', wie manche den Verfassungsstaat des zwanzigsten Jahrhunderts nennen, hat jedenfalls die Verstaatlichung des Bildungswesens nicht beigetragen."[14]

Ich brauche an dieser Stelle die besonderen Innovationspotentiale der nichtstaatlichen Schulen in freier Trägerschaft sowohl in curricularer als auch pädagogischer Hinsicht insbesondere für die Persönlichkeitsentfaltung des Kindes nicht weiter zu betonen, um nach einer 50jährigen preußisch-obrigkeitsstaatlichen Tradition des deutschen Bildungswesens auch unter der Geltung des Grundgesetzes darauf hinzuweisen, daß Bildung eine Aufgabe in öffentlicher Verantwortung ist, für deren Lösung es auf die staatliche, private oder freie Trägerschaft nicht ankommt.[15]

Gleichwohl muß man feststellen, daß die Mehrheit der deutschen Staatsrechtler an ihrer etatistischen Sichtweise festhält und die Tradition des staatlichen Schulehaltens als festen Bestandteil des Verfassungsstaates sieht.[16]

Auch die Bildungspolitik begreift nach 50 Jahren Schulverfassung unter der Geltung des Grundgesetzes die Aussage des Bundesverfassungsgerichts, das Grundgesetz gehe in der Absage an ein staatliches Schulmonopol von der Wahrnehmung des öffentlichen Bildungsauftrags gleichermaßen durch staatliche Schulen und freie Träger aus, als Lippenbekenntnis und richtet seine ganze Politik am Vorrang des staatlichen Schulwesens aus.

So leidet auch die sich in den letzten Jahren entwickelnde bundesdeutsche Bildungsreformdiskussion bisher unter einer Perspektivenverengung, weil sie

---

[14] *Ingo Richter*, S. 183.
[15] S. hierzu auch *Ingo Richter*, S. 186.
[16] *Armin Dittmann*, Erziehungsauftrag und Erziehungsmaßstab der Schule im freiheitlichen Verfassungsstaat, VVDS + RL 54, 1995, S. 50.

allein nach mehr Gestaltungsräumen für die staatliche Schule fragt, ohne die bestehende Schulsystemverfassung insgesamt zu hinterfragen. Autonomietendenzen im staatlichen Schulwesen wird der historische Begriff der staatlichen Schulaufsicht, wie er seit dem Preußischen Allgemeinen Landrecht von 1794 Gültigkeit beansprucht, entgegengehalten, zu weit reichenden Reformüberlegungen werden insbesondere verfassungsrechtliche Bedenken entgegengesetzt und Schulen in freier Trägerschaft noch immer nicht als gleichberechtigte Partner akzeptiert. Demgegenüber ist es notwendig, die Schulverfassung in einer grundsätzlichen Perspektive im Wandel von der Schule als Angelegenheit des Staates zur Schule in der Bürgergesellschaft zu betrachten.

III. Die Stärkung der Bürgerverantwortung im Bildungswesen

Bürgerverantwortung im Bildungswesen kann sich nur dort manifestieren, wo strukturell die Möglichkeit von Schulvielfalt besteht. In einem unitaristischen Bildungswesen ist Bürgerbeteiligung weder erforderlich noch wünschenswert. Schulvielfalt kann sich aber strukturell nur dort entwickeln, wo Schulfreiheit durch Organisation und Verfahren normativ abgesichert ist.

Für die Bürgergesellschaft ist Autonomie der einzelnen gesellschaftlichen Mitglieder, Gruppen und Gemeinschaften ungeachtet einer Verpflichtung gegenüber der Gesellschaft als Einheit und der Notwendigkeit eines gesellschaftlichen Minimalkonsenses schlechthin konstituierend.[17] Mit den Worten Dahrendorfs heißt dies, daß „die moderne Demokratie in der Selbstorganisation einer Bürgergesellschaft im Medium positiven Rechts besteht"[18]. Ziel und Selbstverständnis der Bürgergesellschaft sind so zugleich pluralistisch und auch in gewissem Umfang anti-etatistisch. „Es soll Formen der Assoziation geben, nationale, regionale, lokale, berufliche, die freiwillig, authentisch, demokratisch und nicht kontrolliert oder manipuliert sind von der Partei oder ihrem Staat."[19]

In einer pluralistischen Zivil- oder Bürgergesellschaft ist der moderne Verfassungsstaat nicht allein durch seine repräsentativ-demokratischen Willensbildungsprozesse legitimiert, die es der parlamentarischen Mehrheit jeweils gestatten würden, ihre weltanschaulichen und bildungspolitischen Wertvorstellungen majorisierend mittels Politik umzusetzen. Der moderne Staat erfährt seine

---

[17] S. hierzu *Edward Shils*, Was ist eine Civil Society?, in: K. Michalski (Hrsg.), Europa und die Civil Society – Castelgandolfo-Gespräche 1989, Stuttgart 1991, S. 20 ff.

[18] *Ralf Dahrendorf*, Der moderne soziale Konflikt, in: K. Michalski (Hrsg.), S. 68, unter Bezugnahme auf Timothy Garton Ash.

[19] *Ralf Dahrendorf*, Der moderne soziale Konflikt, in: K. Michalski (Hrsg.), S. 68, unter Bezugnahme auf Timothy Garton Ash.

innere Legitimation aus seiner weltanschaulichen Neutralität. Diese verlangt in einer aktiven Bürgergesellschaft, daß sich der Staat im Rahmen der Menschenrechte und des Toleranzgebotes einer Bewertung oder Bevorzugung verschiedener weltanschaulicher, religiöser oder pädagogischer Wertorientierungen enthält und allen Richtungen gleichberechtigt ihre Verwirklichung ermöglicht. In diesem Sinne lebt die Bürgergesellschaft von dem Prinzip des kulturellen Pluralismus als Strukturelement eines offenen Kulturverfassungsverständnisses.[20] Pluralismus meint hier den Pluralismus der Inhalte ebenso wie der Träger.

Schulische Bildung und Erziehung sind heute eine neu zu definierende Aufgabe der Bürgergesellschaft, weil der Staat der Erziehungsaufgabe der Schule in einer pluralen Gesellschaft in seiner spezifischen Struktur als öffentlicher Verwaltungsträger allein nicht mehr nachkommen kann und die Gesellschaft ebenso wie die Familien sich nicht aus der Verantwortung für das Schulwesen zurückziehen dürfen.

Die bürgerschaftlich verfaßte Schule bedarf einer Schulverfassung, die die administrativen, haushaltsrechtlichen und pädagogischen Selbstgestaltungsrechte der Einzelschule unter Einbeziehung von Mitwirkungsrechten der Eltern und Schüler substantiell sichert. Dies ist nicht primär eine Frage der Rechtsträgerschaft, sondern der Gewährleistung von Schulvielfalt und pädagogischer Autonomie für alle Schulen. Eine schlichte Entstaatlichung schafft hierbei allein nicht die notwendigen Voraussetzungen für eine am Wohl des Kindes orientierte Schulverfassung. Vielmehr gilt es auch im staatlichen Schulwesen Handlungsräume für bürgerschaftlich verantwortete Schulkonzeptionen zu eröffnen und diese nicht auf das Reservat der Schulen in freier Trägerschaft zu begrenzen.

Freiheit im Bildungswesen erfordert neben der Freiheit, Schulen in eigener Initiative zu gründen, aber auch die substantielle Gewährleistung der Unterrichtsfreiheit im engeren Sinne. Neben die Verwirklichung der Unterrichtsfreiheit muß jedoch gleichzeitig eine finanzielle Gleichstellung von staatlichen und freien Schulen treten, um der sozialstaatlichen Komponente in ausreichender Weise Geltung zu verschaffen, damit ein wirkliches Wahlrecht für alle Eltern unabhängig von ihren Vermögensverhältnissen besteht. Dies schließt allerdings in bestimmten Grenzen die Wahrnehmung bürgerschaftlicher Verantwortung auch durch finanzielle Eigenleistungen nicht aus. Hierbei dürfen bis auf die notwendigen Mindeststandards die Prinzipien der Unterrichtsfreiheit und Finanzierung nicht miteinander gekoppelt werden, da ansonsten pädagogische Vielfalt verhindert wird. Insoweit muß neben die freie (Rechts-)Trägerschaft die

---

[20] In diesem Sinne schon *Peter Häberle*, Neuere Verfassungen und Verfassungsvorhaben in der Schweiz, insbesondere auf kantonaler Ebene, JöffR 32, 1983, S. 304 (328).

bürgerschaftliche Freiheit der Erziehungs- und Unterrichtsarbeit treten. Dabei müssen sich aber die Schulen in freier Trägerschaft stärker als bisher – etwa hinsichtlich der Integration ausländischer Schüler – ihrer gesamtgesellschaftlichen Verantwortung stellen.

IV. Freiheit versus Verantwortung? – Der Streit zwischen Kommunitaristen und Liberalisten

Da das Prinzip des gesellschaftlichen Pluralismus aber auch stets die Gefahr der gesellschaftlichen Zersplitterung in sich trägt, gibt es gegenwärtig eine grundsätzliche gesellschafts- und staatstheoretische Debatte über das Verhältnis von individueller Freiheit und gesellschaftlicher Verantwortung. Es ist dies der Widerstreit zwischen Liberalismus und Kommunitarismus. Beide berufen sich auf das Prinzip der Bürgergesellschaft, gewichten jedoch das Verhältnis von individueller Freiheit und gesamtgesellschaftlicher Verantwortung im Sinne eines verbindlichen Wertekonsenses unterschiedlich.

Hierbei gilt die Kritik des Kommunitarismus einem vermeintlichen (postmodernen) Wertrelativismus, der die Demokratie auf bloße Verfahrensregeln reduziere, zu einer Atomisierung der Gesellschaft führe und den gesellschaftlichen Zusammenhalt existentiell gefährde[21]. Das Feld der kommunitaristischen Kritik ist sehr weit gestreut und reicht von neokonservativer Wertekritik bis hin zu Ansätzen linksrepublikanischer Basisdemokratiemodelle. Bei alledem hat die kommunitaristische Kritik jedoch einen gemeinsamen Nenner: Durch eine Stärkung des Gemeinsinns müsse der Zusammenhalt der Gesellschaft gewahrt werden, der durch einen wirtschaftspolitisch geprägten Neoliberalismus zerstört zu werden bedroht sei. Hierbei komme insbesondere dem Erziehungswesen eine Integrationsfunktion zu.

Damit kreist die Bildungsdiskussion im Kontext des Begriffs der Bürgergesellschaft um den die gesamte gesellschaftspolitische Diskussion bestimmenden Streit zwischen Kommunitaristen und Liberalisten und die Frage, wie sich Freiheit und Verantwortung in modernen Gesellschaften miteinander verbinden lassen. Während das kommunitaristische Denken für die Wiedergewinnung gemeinsamer solidarischer Werte durch eine stärkere Beteiligung von Eltern, Schülern und Lehrern in der staatlichen Schule auf der Basis eines verbindlichen Wertekonsenses plädiert, anerkennt der Liberalismus grundsätzlich die Pluralität der Werte und möchte in seiner exponiertesten Form durch die Ein-

---

[21] S. hierzu als exponiertem Vertreter *Charles Taylor*, Negative Freiheit?, 2. Aufl., Frankfurt/M. 1995, S. 176 f. (292 ff.).

führung eines Marktmodells im Bildungswesen über eine Stärkung der Konkurrenz von Bildungseinrichtungen durch eine Nachfrageorientierung eine stärkere Bürgerorientierung erreichen.

Der an sich berechtigten kommunitaristischen Kritik des Werteverlustes ist entgegenzuhalten, daß – bezogen auf die Schule – der damit geforderten Wiedergewinnung des Erzieherischen und einer Wertorientierung angesichts der Vielfalt einer Gesellschaft allein mit der Forderung nach zentralen Werten nicht Rechnung getragen wird. Denn auch Werteerziehung erfordert in einer pluralistischen Gesellschaft eine Vielfalt pädagogischer Profile und einen wertorientierten Unterricht in Pluralität. So richtig der Ansatz der Kommunitaristen ist, die Erziehungsaufgabe der Schule wieder stärker zu betonen und die kommunale Schule und die Beteiligungsrechte der Eltern in der staatlichen Schule zu stärken[22], so muß doch das kommunitaristische Anliegen in pluralistischen Gesellschaften scheitern, wenn dieses allein die staatliche Schule als richtigen Ort der Werteerziehung auf der Basis eines zentralistischen, nationalen Lehrplans französischer Prägung ansieht und das Prinzip der Schulwahlfreiheit ablehnt, wie es beispielsweise Etzioni fordert.[23]

In diesem Sinne kann man nicht a priori ohne weitere Differenzierung davon sprechen, das Grundgesetz und das Bundesverfassungsgericht gingen – wie jüngst an exponierter Stelle von Winfried Brugger thematisiert – von einem kommunitaristischen Menschenbild aus. Das Grundgesetz erhält seine Kraft als freiheitsstiftende Ordnung nur insoweit, als es sich in Abgrenzung zu Formen des fundamentalistischen Kommunitarismus, der stets die Tendenz zu geschlossenen Wertorientierungen aufweist, eindeutig zum Prinzip des Pluralismus bekennt.

Während der politische Liberalismus den Grundsatz des Pluralismus als existentielles Legitimationselement moderner Gesellschaft uneingeschränkt akzeptiert, sieht der Kommunitarismus in kultureller Vielfalt per se ein – mehr oder weniger – zu akzeptierendes Übel moderner Gesellschaften. Der Kommunitarismus ist von daher strukturell als dogmatische Position pluralismusfeindlich, weil er zu einem Sittlichkeitspositivismus neigt, der auf der Seite der Mehrheit stehend Minderheitenrechte tendenziell negiert. Dies ist in unserem Zusammenhang deshalb von besonderer Bedeutung, weil er das Ziel des „Gemeinschaftsmenschen" über erziehungspolitische Programme der Wertevermittlung zu verwirklichen sucht[24].

---

[22] *Amitai Etzioni*, Die Entdeckung des Gemeinwesens, Stuttgart 1995, S. 167.
[23] *Amitai Etzioni*, S. 188, 254.
[24] *Wolfgang Kersting*, Recht, Gerechtigkeit und demokratische Tugend, Frankfurt/M. 1997, S. 407 ff.

Sobald ein konservativ-fundamentalistischer Kommunitarismus die Oberhand gewinnt, droht die Organisation des Bildungswesens das Faktum der Multikulturalität und des Pluralismus moderner Gesellschaften zu negieren oder totalitär zu werden. Ein in diesem Sinne fundamentalistischer Ansatz kennt zwar möglicherweise Beteiligungsrechte im Bildungswesen, aber keine Vielfalt. Islamischer Religionsunterricht ist letztlich ebenso unerwünscht wie alternative pädagogische Konzeptionen, weil die Homogenität der Lebensform, Sprache und Religion höchstes Ziel der gesellschaftlichen Organisation ist in dem Glauben, so die Einheit der Gesellschaft zu sichern. Wie gespalten der Kommunitarismus im Spannungsverhältnis von freiheitlichem Pluralismus und verbindlicher sozialer Integration steht, zeigt sich auch, wenn islamischen Schülerinnen das Tragen eines Kopftuches oder Schleiers im Unterricht verboten werden soll.

V. Bildung als öffentliche Aufgabe

Während der Kommunitarismus ein Problem der Akzeptanz des gesellschaftlichen Pluralismus darstellt, muß sich der politische Liberalismus im Bildungswesen von einem reinen Marktdenken distanzieren. Die Bürgergesellschaft lebt von der Möglichkeit der Selbstbestimmung, unterscheidet sich von der Marktgesellschaft jedoch dadurch, daß der Staat seine sozialstaatliche Funktion beibehält. Deshalb sind Wahlfreiheit und Chancengleichheit im bürgerschaftlichen Verständnis von Schule kein Widerspruch. Chancengleichheit bedeutet in der Bürgergesellschaft im Bildungswesen einerseits chancengleicher Zugang zu allen angebotenen Schulformen unter gleichen materiellen Bedingungen und andererseits die Sicherstellung der schulischen Grundversorgung durch staatliche Bildungseinrichtungen. Aufgabe des Staates bleibt es, Chancengleichheit sicherzustellen und – was nicht übersehen werden darf – durch einen gemeinsamen Mindeststandard eine kulturelle Spaltung, die durch Schulvielfalt nicht zwangsläufig eintritt, aber ohne Gegensteuerung eintreten kann, zu vermeiden.

Dies ist ein berechtigtes Korrektiv des Kommunitarismus, der jedoch nicht soweit überspannt werden darf, daß er die Legitimität des Pluralismus aushöhlt.

Bildung bleibt auch in einer pluralistischen Gesellschaft eine wenn nicht notwendig staatliche, so doch eine öffentliche Aufgabe, die nicht dem Kalkül des Marktes zum Opfer fallen darf. Deshalb gilt es, einen gesamtgesellschaftlich verbindlichen Bezugsrahmen auch dann herzustellen, wenn dem Staat keine unmittelbaren Gestaltungsbefugnisse in der Einzelschule mehr zugestanden werden. Insofern erscheint auch in einem bürgerschaftlichen Schulsystem grundsätzlich die Erarbeitung allgemeinverbindlicher Grundkenntnisse unumgänglich, um sicherzustellen, „daß allen Kindern, unabhängig von Geschlecht, ethnischer Herkunft oder ihrem zufälligen Lebensumfeld, wesentliches Wissen und Können, bis zu einem noch akzeptablen Leistungsniveau, vermittelt werden"[25] kann. Hierin liegt der richtige Ansatz einer kommunitaristisch gedachten Schulverfassung, wobei es jedoch darauf ankommt, prozedural sicherzustellen, daß damit kein Eingriff in die Unterrichtsfreiheit verbunden ist. So wäre insbesondere das Prinzip der Gleichwertigkeit statt Gleichartigkeit auch im Berechtigungswesen normativ zu verankern, um zu gewährleisten, „daß es mehrere gleichwertige Wege zu einem allgemeinbildenden Curriculum gibt"[26]. Unterschiedliche Wege hätten sich hierbei im gleichberechtigten Nebeneinander unterschiedlicher pädagogischer Konzeptionen zur Umsetzung vorgegebener Ziele zu profilieren. Bei alledem muß allerdings dem sozialstaatlichen Gebot der Chancengleichheit Genüge getan werden, um dem Selbstverständnis der bürgerschaftlichen Schule zu entsprechen.

In der Kritik eines überzogenen Liberalismuskonzepts im Bildungswesen hat dies zur Konsequenz, daß nicht uneingeschränkte Freiheit, sondern öffentlich verfaßte Freiheit herrscht. Dies bedeutet, daß Unterrichts- und Erziehungskonzeptionen als Schulvielfalt weder im Sinne einer Beliebigkeit verstanden noch dem freien Spiel der Marktkräfte überlassen werden dürfen.

VI. Kommunitarismus und Schulen in freier Trägerschaft

Der kommunitaristische Ansatz vernachlässigt vor allem die Perspektive, daß Schulen in freier Trägerschaft als nicht gewinnorientierte Institutionen bzw. Assoziationen sehr wohl eine am Gemeinwohl orientierte Selbstverwaltungseinrichtung der Bürgergesellschaft sein können. Darüber hinaus verkennt er die notwendige Bedeutung des Pluralismusgebots für eine aktive Bürgergesellschaft, wenn er für die vermeintliche Stärkung des Gemeinsinns ein einheitliches Wertesystem der schulischen Erziehung auf der Basis zentraler Lehrpläne und zentraler staatlicher Prüfung fordert. Hier wandeln sich Freiheitsrechte in neue etatistische Hierarchien, in denen der Bürger nicht als Träger eigener Rechte, sondern als tugendpflichtiger Mitwirkender an staatlich vorgegebenen

---

[25] OECD (Hrsg.), Schulen und Qualität. Ein internationaler OECD-Bericht, Frankfurt/M. 1991, S. 181, definiert dies als Mindeststandard für die Sicherung von Schulqualität.
[26] OECD, S. 181.

Sinnzielen wirken soll[27]. Bürgerrechte beschränken sich danach auf die Mitwirkung in der staatlichen Schule.

Auch in der Denkschrift der nordrhein-westfälischen Bildungskommission finden sich letztlich Elemente eines konservativen Kommunitarismus und eines die Strukturfrage nur halbherzig angehenden Denkens, wenn diese ihre Reformvorschläge auf das staatliche Schulwesen beschränkt und die Perspektive vernachlässigt, daß Schulen in freier Trägerschaft als gemeinwohlorientierte Einrichtungen den Erfordernissen einer pluralistischen Gesellschaft entsprechen und eine wirkliche Reform des Bildungswesens die freien Träger stets als gleichberechtigte Partner mitbetrachten muß. Hierbei muß der Staat freilich durch eine sozialstaatliche Rahmengesetzgebung die grundsätzlich gleiche Basisausstattung aller Schulen und den freien Zugang unabhängig von finanziellen Möglichkeiten der Eltern sicherstellen. Ziel muß es sein, daß grundsätzlich alle Bürger von ihrem freien Wahlrecht uneingeschränkt Gebrauch machen können. Die Bürgergesellschaft lebt von der mündigen Eigenverantwortlichkeit ihrer Bürger auch in der Erziehung.

VII. Perspektiven einer bürgerschaftlich verfaßten Schule im Rahmen der geltenden Schulverfassung des Art. 7 GG

Die demokratische Gesellschaft braucht tolerante, mündige, verantwortungsvoll handelnde Bürger – doch ist es ein Irrglaube, dies werde schon mit Leben erfüllt, wenn der Staat es als moralisches Postulat von seinen Bürgern einfordere. Allein die Forderung ist Schall und Rauch. Sie wird mit Leben nur erfüllt, wenn die Gesellschaft insgesamt und der Bürger als einzelner – Eltern wie Schüler und Lehrer – diese Verantwortung selbst mittragen können und in der Schule Toleranz nicht nur gelehrt, sondern auch praktiziert wird. In einer Schule, die – in vermeintlich guter Absicht – Eltern und Schüler lediglich als mehr oder weniger passive Nutzer der staatlichen Anstalt Schule begreift, kann diese Verantwortungsethik nicht entwickelt werden. Vielmehr bedarf es hierzu einer aktiven Gestaltungspartizipation. Dies auch in der Erkenntnis, daß die Demokratie sich nicht allein über das Prinzip der Repräsentation, sondern wesentlich durch aktive Bürgerteilnahme verwirklicht. Diese Frage wird um so virulenter, je mehr der Staat mit seinen Ressourcen an die Grenzen des Machbaren stößt.

---

[27] S. hierzu *Detmar Doering*, Alte Gefahr in neuem Gewande?, in: Georgios Chatzimarkakis/Holger Hinte, Freiheit und Gemeinsinn – Vertragen sich Liberalismus und Kommunitarismus?, Bonn 1997, S. 24 (34) in Auseinandersetzung mit Etzioni.

Die Bürgerverantwortung für das Bildungswesen kann sich hierbei sowohl durch eine stärkere Beteiligung der Eltern innerhalb der staatlichen Schule etwa bei der Bestimmung des Schulprogramms als auch durch eine gleichberechtigte Wahrnehmung von Bildung und Erziehung in Schulen in freier Trägerschaft konstituieren.

Für pädagogische Alternativen als Ausdruck schulischer Vielfalt sind Eltern und Kinder derzeit vor allem auf Schulen in freier Trägerschaft, sog. Privatschulen, angewiesen. Diese tragen wesentlich dazu bei, ein Schulsystem zu gewährleisten, welches den verschiedenen Wertvorstellungen über die Erziehung in der Gesellschaft entspricht und nicht nur religiös-weltanschauliche, sondern insbesondere auch pädagogische Alternativen gegenüber dem Unterricht im staatlichen Schulsystem eröffnet. Signifikant dafür sind die „ganzheitlichen" reformpädagogisch orientierten Erziehungskonzeptionen der freien Schulen, Landerziehungsheime, Montessorischulen und der Waldorfschulen. Die Existenz dieser Schulen ist in Art. 7 Abs. 4 und 5 GG nur bedingt gewährleistet, so daß auch zu untersuchen ist, ob das herrschende Rechtsverständnis dem Verfassungsgebot der Schulvielfalt angesichts der gegenwärtigen Rechtsstellung von Schulen in freier Trägerschaft ausreichend Rechnung trägt.

In diesem Sinne stellt sich die Frage, ob Art. 7 GG in der gegenwärtigen Fassung den Erfordernissen einer Schulverfassung in der Bürgergesellschaft entspricht.

- Solange die Schulaufsicht des Staates immer noch als umfassende staatliche Hoheitsgewalt verstanden wird, steht dieses Verständnis einer bürgerschaftlichen Schulverfassung entgegen, denn bürgerschaftliche Wahrnehmung erfordert die Möglichkeit der Selbstverwaltung als Selbstverantwortung und die Einbindung der Schule in die Kommune.

- Solange Schulen in freier Trägerschaft hinsichtlich der finanziellen Förderung nicht so gestellt sind, daß diese Schulen tatsächlich allen Bürgern offenstehen, ist ein wesentliches Moment der Verteilungsgerechtigkeit verletzt, welches interessenweise seinen Ursprung gleichermaßen in einem kommunitaristischen als auch in einem privatistisch-liberalen Grundrechtsverständnis hat.

- Solange Grundschulen in freier Trägerschaft nur unter einem Vorbehalt der Anerkennung eines besonderen pädagogischen Interesses durch die Unterichtsverwaltung genehmigt werden und dies restriktiv ausgelegt wird, ist das Prinzip des gesellschaftlichen Pluralismus ebenso gefährdet wie das der bürgerschaftlichen Selbstverantwortung.

- Und solange das Berechtigungswesen abweichende pädagogische und curriculare Konzeptionen bei Abschlußprüfungen nicht adäquat berücksichtigt, ist das Prinzip des gesellschaftlichen Pluralismus gefährdet.

Insofern muß man insgesamt konstatieren, daß in der herrschenden Auslegung des Art. 7 GG Elemente eines konservativen Kommunitarismus enthalten sind, die den Prinzipien einer bürgerschaftlichen Schule widersprechen. Demgegenüber erfordert eine moderne bürgerschaftliche Schulverfassung innerhalb sozialstaatlicher Verteilungsgerechtigkeit und gemeinsamer Mindeststandards eine Anerkennung des Pluralismus sowohl der Inhalte als auch der Träger, um die Ansätze von Liberalismus und Kommunitarismus in einer offenen Gesellschaft zu verwirklichen und miteinander zu verbinden. In der Bürgergesellschaft werden öffentliche Aufgaben unabhängig von der Trägerschaft verantwortet.

In diesem Sinne erscheint eine Revision des Artikels 7 GG durchaus sinnvoll, um den geänderten Anforderungen der Schule in einer offenen Bürgergesellschaft gerecht zu werden. Doch wenn sich Bildungspolitik, Unterrichtsverwaltung und Rechtsprechung darauf besinnen, ihr freiheitliches Grundrechtsverständnis konsequent mit der sozialstaatlichen Einstandspflicht des Staates zu verbinden, kann auch im Rahmen der geltenden Verfassung der Weg zu einer bürgerschaftlichen Schule beschritten werden.

So ist der Begriff der staatlichen Schulaufsicht in Art. 7 Abs. 1 GG dahingehend weiterzuentwickeln, daß die pädagogische Profilbildung und die Selbstverwaltung der einzelnen staatlichen Schule gestärkt werden, ohne die schulische Grundversorgung und den Grundsatz der Chancengleichheit zu verletzen.

Im Rahmen des Art. 7 Abs. 4 GG besteht die sozialstaatliche Einstandspflicht zwar verfassungsrechtlich nicht darin, jedermann letztlich ohne Entgelt den Besuch von Privatschulen zu ermöglichen, gleichwohl besteht der sozialstaatliche Gehalt des Art. 7 Abs. 4 GG in seiner leistungsrechtlichen Komponente gerade darin, sowohl den Besuch als auch die Gründung von Schulen in Elternträgerschaft nicht auf eine relativ gut verdienende Mittelschicht zu beschränken. Als sozialstaatliche Einstandspflicht fordert Art. 7 Abs. 4 Satz 1 GG vom Staat eine Bezuschussung, die es prinzipiell allen Eltern ermöglicht, bei Aufbringung eines angemessenen Schulgeldes eine Schule in Elternträgerschaft zu gründen und zu besuchen.

Der Verfassungsgeber sollte zudem den Mut haben, die Beschränkungen der Gründungsfreiheit für Grundschulen in freier Trägerschaft in Art. 7 Abs. 5 GG aufzuheben.

Wie man sieht, bleiben unter dem Gerechtigkeitsgesichtspunkt trotz eines im Ansatz positiven Grundrechtsverständnisses des Bundesverfassungsgerichts viele Fragen offen.

Zum Recht auf Bildung in interkulturellem Licht

Arnold Köpcke-Duttler

I. Einleitung

Der Bildungsphilosoph Theodor Ballauff schreibt, dass wir Menschen selbstverständlich ein Recht auf Bildung haben. Die Bildung sei keine Ware, die man erwerben, sich aneignen, besitzen, konsumieren könnte. Bildung dürfe nicht beigebracht, herbeigezwungen werden und könne dies auch nicht, ohne sich selbst zu widerlegen. Der Weg der Bildung, der das Ungenügen abfragbarer Qualifikationen verdeutlicht, geht darauf, dass Menschen von einer kosmischen Verantwortung, von mondialen Fragen in Anspruch genommen werden, von einem ökumenischen Geist, der Zwang und Gewalt überwinden soll. Ballauff fügt an: „Bildung ist nicht ‚Allgemeinbildung‘, aber Wissen und Denken eines ‚allgemeinen‘, ‚gemeinsamen‘, das nicht nur ich denke als mein Eigentum, das nicht meine Eigenart ausmacht, sondern von allen gedacht, gewusst, behandelt werden kann. Bildung bedeutet die Erhebung zu diesem Allgemeinen und enthebt dem Partikularen, Individuellen ebenso wie dem Gelegentlichen und Zufälligen. So ist sie und ermöglicht sie Selbstlosigkeit: Durch Bildung kommen wir in die Lage, uns sachlich und mitmenschlich zu besprechen, da wir von uns absehen können."[1] Bildung widerspricht der Herrschaft des Stärkeren, dem Recht des Stärkeren[2]; über das Recht hinaus geht es ihr um den Streit gegen die Unmenschlichkeit, die Abscheu vor, die Abwehr von Unmenschlichkeit.[3] Hartmut von Hentig versteht als einen Maßstab der Bildung (er unterscheidet nicht zwischem äußerlichem Maßstab und Maß-Gabe) das Unterlassen der Unmenschlichkeit, das zu unterscheiden ist von der Verwirklichung der Menschlichkeit. Dass diese vieler anderer Tugenden bedarf (der Selbstbeherrschung,

---

[1] *Theodor Ballauff*, Antithesen in der modernen Pädagogik, in: Hermann Röhrs/Hans Scheuerl (Hrsg.), Richtungsstreit in der Erziehungswissenschaft und pädagogische Verständigung. Wilhelm Flitner zur Vollendung seines 100. Lebensjahres am 20. August 1989 gewidmet, Frankfurt/M. 1989, S. 102; s. *ders.*, Pädagogik als Bildungslehre, 2. Aufl., Weinheim 1989.

[2] *Heinrich Hannover*, Die Republik vor Gericht 1954–1974, Berlin 1998, S. 23.

[3] *Hartmut von Hentig*, Bildung, München/Wien 1996, S. 76.

der Güte, der Geduld, der Klugheit, der Gerechtigkeit gegenüber dem anderen), entgeht dem pädagogischen Denker der Verantwortung in der res publica nicht. So scheut er sich nicht, die – nie vollständig erreichbare – Menschlichkeit zum Kriterium der Bewährung der Bildung zu erheben. „Wo Unmenschlichkeit erkannt wird – im eigenen Verhalten, in den Lebensumständen, in den Taten anderer, vor allem der Mächtigen –, ist das Wichtigste in Gang gesetzt: die Unruhe über ihre Ursachen, das Nachdenken über eine mir und dir mögliche Menschlichkeit, ein Stück Verantwortung für die Welt, in der wir leben."[4] Auch wenn von Hentig, angeregt von Robert Spaemann und seiner Neigung zu anthropologischen Konstanten[5], hervorhebt, dass gebildete Menschen aneinander Freude haben, so übersieht er nicht die ganz unterschiedlichen historischen Situationen und kulturellen Horizonte, die sich in den Worten paideia schole, institutio, eruditio, aducation, enseignement zeigen, die eigenartige deutsche Denkwelt, die in dem Wort „Bildung" (bewegte Gestalt, lebendige Gestalt) sich ausspricht.

Lassen wir zum Ende dieser Einleitung einen Bildungsrechtler sprechen: Ingo Richter wendet sich auf der Suche nach der Integrationskraft einer Leitwissenschaft oder einer Bildungsidee gegen die Ökonomie als Zentrum, gegen das betriebswirtschaftliche Handeln als Leitfaden der Bildung. Damit macht er auf die Gefahr einer durchgehenden Ökonomisierung aufmerksam. Unterschieden von von Hentigs Bildung des Menschen plädiert Richter für eine Bildung zur Selbständigkeit – „Selbständigkeit nicht im Sinne unternehmerischer Selbständigkeit, denn nicht jeder kann und soll Unternehmer werden, sondern im Sinne der Fähigkeit, das eigene Schicksal selbst in die Hand zu nehmen."[6] Den gesellschaftlichen Hintergrund dieses Gedankens stellt dar, dass die jungen Menschen, verlassen von der älteren Generation, sich auf sich selbst verlassen müssen. Mit der Selbständigkeit kollidiert unter anderem die Unterrichtsschule, die Vermittlung des Wissens in gegeneinander abgeschotteten Schulfächern. Diese Kritik eines drohenden Ökonomismus, der in sprachlichen Wendungen wie dieser, dass Bildung eine Investition in junge Menschen für die Zukunft sei, eingedrungen ist, muss von Pädagogen und Juristen gleichermaßen unterstützt werden. Weiterhin darf kein Bildungsphilosoph, kein Bildungsrechtler übergehen, dass die Vereinten Nationen vor zehn Jahren eine weltweite „Grundbildung" für alle Kinder bis zum Jahr 2000 gefordert haben, dass die Erreichung dieses Ziels

---

[4] *Hartmut von Hentig*, S. 78. Am Schluss seines Buchs gibt von Hentig zu: „Bildung ist nicht nur wichtiger als der Jäger 90, die Schwebebahn und der Ausbau des Autobahnnetzes, sie ist auch wichtiger als die uns gewohnte Veranstaltung Schule", S. 209.

[5] *Robert Spaemann*, Wer ist ein gebildeter Mensch?, in: Scheidewege 1994/1995, S. 34–37.

[6] *Ingo Richter*, Die sieben Todsünden der Bildungspolitik, München/Wien 1999, S. 119; s. *Gunnar Köhne*, „Eine Magna Charta der Menschheit", in: *ders.* (Hrsg.), Die Zukunft der Menschenrechte, Reinbek 1998, S. 20.

wohl schon gescheitert ist. Nach Schätzungen würde die Verfolgung dieses Ziels acht Milliarden Dollar kosten – die weltweiten Rüstungsausgaben von vier Tagen, zwei Drittel der Kreditzinsen, die Afrika jährlich an die Industriestaaten zahlen muss.[7]

II. Recht auf Erziehung

In diesem Kapitel seien die pädagogischen Gedanken einiger deutscher Staatsrechtlehrer und die Überlegungen des norwegischen Friedensforschers Johan Galtung zum Recht auf Erziehung angedeutet.

In der Diskussion über den „Erziehungsauftrag und Erziehungsmaßstab der Schule im freiheitlichen Verfassungsstaat" führt Peter Häberle in die Diskussion ein und fordert auf der Suche nach dem Verständnis von „Erziehung" dazu auf, die Tiefe der europäischen Kulturgeschichte zu erarbeiten. Erwähnt wird Heraklits Sentenz, Erziehung gleiche nicht dem Füllen eines Fasses, sondern dem Entzünden eines Lichtes.[8] Mit dem Bild auf Goethe und Schiller fragt Häberle nach dem Zusammenhang von Freiheit und Bindung bzw. Bildung, nach der Erziehung des Menschengeschlechts, der Freiheit aus tradierter und offener Kultur. Freilich dringt Häberle nicht vor zu einem genauen Nachdenken über Heraklits philosophisches Verständnis der Bildung, für eine Theorie der Geistesbildung, der „Lebensweisheit" (Ernst Lichtenstein), der Suche der Wahrheit in der Selbstbesinnung. Der Sinnhorizont der sokratischen Frage nach dem Lebensziel sei von Heraklit bereits entdeckt worden; Philosophie werde Lebensdeutung, von dem Vorsokratiker geöffnet die Verbindung von Philosophie und Menschenbildung.[9] Häberle führt auch die Menschenrechtspakte an mit ihrer Erziehung zu den Menschenrechten. Damit wird ein Blick geworfen auf das Verbot der Kriegspropaganda (s. Art. 20 des Internationalen Pakts für bürgerliche und politische Rechte), auf die Erziehung zu Frieden und Völkerverständigung.

Im Verständnis Johan Galtungs bedeutet das Recht auf Erziehung erst einmal das Recht eines jeden Individuums auf freien Zugang zu den öffentlichen

---

[7] *Thomas Ruttig*, Die Wissenslücke wird größer, die tageszeitung vom 29.6.1999, S. 17.
[8] S. *Ernst Lichtenstein*, Der Ursprung der Pädagogik im griechischen Denken, Hannover 1970, S. 42. – Das Wesen des Geistigen besteht in der Erfahrung einer schöpferischen Quelle des Sinnerlebens in der Innerlichkeit der Einzelseele. Logos ist die „Tiefendimension der Seele", innere Transzendenz, Unergründlichkeit des Menschen.
[9] *Peter Häberle*, Diskussionsbemerkung, in: Veröffentlichungen der Vereinigungen der Deutschen Staatsrechtslehrer, Berlin/New York 1995, H. 54, S. 106.

Schulen, wie diese durch den Staat definiert, organisiert, von der herrschenden Gruppe betrieben werden. Nicht notwendigerweise bedeute es darüber hinaus, dass auch eine Gruppe von Individuen das Recht darauf habe, ihr Verständnis auf Erziehung institutionalisieren zu können. Kulturelle Rechte dagegen überschreiten die Aggregation individueller Rechte. „Freier Zugang zu den Schulen, die von der dominanten Gruppe betrieben werden, ist nicht dasselbe, wie selbst Schulen betreiben zu können. Es macht einen Unterschied aus, ob man freien Zugang zu dem herrschenden System der Gesundheitsfürsorge hat oder ob man sein eigenes Gesundheitssystem betreiben kann. Dem ist so, weil damit der Glaube an ein universell gültiges Curriculum und ein universell gültiges Gesundheitssystem in Frage gestellt wird, ähnlich dem Glauben an eine universell gültige Religion."[10] Das Recht auf Erziehung wird hier zu einem Recht von Gruppen auf den eigenen Erziehungsstil, zu einem kulturellen Menschenrecht. Wir können auch sagen, dass ein beträchtlicher Unterschied besteht zwischen der Einschulung, dem Recht auf Unterrichtung (droit à l'instruction) und der Erziehung, dem Recht auf Erziehung (droit à l'éducation). Erziehung wird hier gedacht als „the whole process whereby in any society adults endeavour to transmit their beliefs, cultur and other values to the young, whereas teaching or instruction refers in particular to the transmission of knowledge and to intelletuel development"[11]. Gerichte wie der Europäische Gerichtshof für Menschenrechte verstehen Erziehung als formale Typisierung des Unterrichts, der in Institutionen erteilt wird. Mit Recht betont Geraldine Van Bueren, dass das Recht auf Erziehung in den Kontexten des internationalen Rechts die Künstlichkeit der traditionellen Unterscheidung zwischen den ökonomischen, sozialen und kulturellen Rechten einerseits, den bürgerlichen und politischen Rechten andererseits zum Vorschein bringt. Das wird auch deutlich, wenn Verfassungen sich zu Frieden und Völkerverständigung als Erziehungsziel „bekennen", zum Verbot der Kriegspropaganda, wenn als Ziel der Erziehung die Hervorbringung eines Sinns für die Würde je-dieses Menschen proklamiert wird.

Michael Bothe fragt so nach der „Feinsteuerung" der gesellschaftlichen Entwicklung durch das Erziehungssystem und spricht sich für die Anstrengung aus, durch Verfassungsgebung und Verfassungsinterpretation Erziehungsziele zu entfalten. „Orientierung des Erziehungswesens durch Verfassung und Orientierung der Gesellschaft durch Erziehung sind Teile eines Prozesses der fortlaufenden Entwicklung von Konsens in dieser Gesellschaft."[12] Hier ist das Recht

---

[10] *Johan Galtung*, Menschenrechte – anders gesehen, 2. Aufl., Frankfurt/M. 1997, S. 44.

[11] S. *Geraldine Van Bueren*, The International Law on the Rights of the Child, Dodrecht/Boston/London 1995, S. 233.

[12] *Michael Bothe*, Erziehungsauftrag und Erziehungsmaßstab der Schule im freiheitlichen Verfassungsstaat, in: Veröffentlichungen der Vereinigung der Deutschen Staatsrechtslehrer, Heft 54, Berlin/New York 1995, S. 42.

nicht allein bestimmt durch seine Durchsetzbarkeit gegen den Staat (z. B. die Schulverwaltung), sondern auch durch seine Macht, einen Beitrag zu leisten zur Klärung der Frage, auf welches Ziel hin das menschheitliche Zusammen- und Gegeneinander-Leben befördert werden soll.

III. Sprachliche Differenzen

Ein unvollständiger Blick in eine italienische Enzyklopädie hält unter dem Wort „Educazione" fest, bei der Erziehung müssten betrachtet werden der Mensch, seine Potenz, seine Handlungen, seine Ziele. Ihr gehe es um jenen Prozess, „onde sotto l'azione dei varî fattori che agiscono sull'uomo, le sue energie potenziali sviluppano e l'uomo viene preparato a compiere nel miglior modo le proprie funzioni nel'ambiente sociale"[13]. Das Stichwort Bildung findet sich in dieser Enzyklopädie nicht. In der Grande Enciclopedia Vallardi wird als Bildungsroman jene deutsche Literatur bezeichnet, die erzählt „l'evoluzione spirituale del'uomo fino alla maturità, attraverso le esperienze interiori ed esteriori che la determinano"[14]. Chambers's Encyclopaedia kennt das Wort „Bildung" nicht und führt aus, das Wort „education" bezeichne „the process by which persons, usualy children or young people, develop their intellectual, emotionell, spiritual and physical powers and so became more fully participating members of the community to which they belong; it is thus applied to describe both individuell and social development"[15].

Die „Constitución Politica del Peru" (von 1980; mittlerweile gibt es eine neue Verfassung von 1994) kennt in Artículo 21 das Recht auf Bildung. „El derecho a la educación y a la cultura es inherente a la persona humana. La educación tiene como fin el desarollo integral de la personalidad. Se inspira en los principios de la democracia social. El estado reconce y guarantiza la libertad de ensenanza."[16] Die menschliche Person ist das höchste Ziel der Gesellschaft und des Staates. „Todos tienen la obligación de respetarla y protegerla." (Artículo 1). Jeder Mensch (toda persona) hat das Recht „a la libertad de creación intelectual, artística y científica. El Estado propicia el acceso a la cultura y a la difusión de ésta." (Artículo 2) In Artículo 27 heißt es: „El Estado garantiza la formación extraescolar de la juventud con la participación democrática de la comunidad." In Artículo 31 heißt es: „La educación universitaria tiene entre sus fines la creación intelectual y artística, la investigación científica y tecnológica

---

[13] *Giovanni Vidari*, Educazione, in: Enciclopedia Italiana XIII, Milano 1932, S. 490.
[14] *Giovanni Vidari*, Educazione, Band II, Milano 1962, S. 772.
[15] Chambers's Encyclopaedia, Vol. IV, London 1955, S. 805.
[16] Constitution Politica del Peru, Lima 1982, S. 13.

y la formación profesional y cultural."[17] Diese hier nur angerissenen sprachlichen Differenzen signalisieren das Desiderat, den Unterschieden der Erziehungs- und Bildungstraditionen nachzugehen, unter Wahrung der Verschiedenheit aus den sprachlichen Differenzen heraus ein interkulturelles Rechtsgespräch zu öffnen, ein „Menschenrecht auf Bildungsfreiheit" zu bedenken.[18]

IV. Menschenrecht auf Bildungsfreiheit

Das „Europäische Forum für Freiheit im Bildungswesen" hat im Mai 1991 in Helsinki eine „Deklaration zum Menschenrecht auf Bildungsfreiheit" veröffentlicht. Diese Deklaration nimmt ihren Ausgang von dem in Europa entwickelten Pluralismus im Schulwesen, von dem in der Allgemeinen Erklärung der Menschenrechte und in dem Internationalen Pakt über wirtschaftliche, soziale und kulturelle Rechte verankerten Recht auf Bildung und auf die Freiheit, Schulen zu eröffnen und zu leiten. Als Ziele werden proklamiert: „Wir wollen das Menschenrecht auf Bildungsfreiheit in den Schullandschaften ganz Europas einbürgern und die verschütteten Selbstgestaltungskräfte im Schulleben fördern. Auch in der Schule gilt das Recht auf freie Entfaltung der Persönlichkeit; daher darf die Menschenrechtsbewegung nicht vor der Schultür Halt machen: Bildungsfreiheit ist Menschenrecht wie Religionsfreiheit, Wissenschaftsfreiheit, Kunstfreiheit und Pressefreiheit.[19] Die Schule soll aus bürokratischer Fürsorge und Bevormundung befreit und in den „Stand der Kultur" gesetzt werden. Gegen obrigkeitsstaatliche Relikte, die in den politischen Systemen des Faschismus und Bolschewismus kulminierten, sollen sich die persönlichen Initiativen von Eltern, Lehrern, Schülern richten, die schöpferischen Kräfte, die eine neue Schulkultur hervorbringen. Schulvielfalt soll „den Weg der Toleranz" ermöglichen, eine Verständigung zwischen den verschiedenen Schulrichtungen anstiften. „Die Achtung gegenüber dem Andersdenkenden duldet keine ideologische Zwangseinigung. Erst durch die Entwicklung dieser Dialogfähigkeit auf dem Boden eines anerkannten Schulfriedens kann Erziehung zur Toleranz gelingen."[20] Es sei in Erinnerung gerufen, dass die Allgemeine Erklärung der Menschenrechte vom 10. Dezember 1948 in Artikel 26 proklamiert, jedermann habe

---

[17] Constitution Politica del Peru, S. 14.

[18] S. *Werner Pfeil*, Die Notwendigkeit der Förderung der Mehrsprachigkeit im Europäischen Bildungswesen als Folge einer sich im Wandel befindlichen europäischen Sprachenpolitik, in: Recht der Jugend und des Bildungswesens 1999, S. 43–61.

[19] *Eginhard Fuchs* (Hrsg.), Für Freiheit im Bildungswesen!, Frankfurt/M. 1993, S. 161.

[20] *Eginhard Fuchs*, S. 162; s. a. das „Memorandum zur Rolle des Bildungswesens im Einigungsprozess Europas" und die „Empfehlungen für Bildungsgesetze" (S. 163 ff.).

das Recht auf Bildung: Everyone has the right to education. Toute personne a droit à l'éducation. Zumindest in der Elementar- und Grundstufe müsse der Unterricht unentgeltlich sein. Sicher solle damit das Recht auf Bildung nicht eingeengt werden auf den Raum der Schule, heißt es doch in Absatz 2: „Die Bildung muß auf die volle Entfaltung (development; épanouissement) der menschlichen Persönlichkeit und auf die Stärkung der Achtung vor den Menschenrechten und Grundfreiheiten gerichtet sein. Sie muß Verständnis, Toleranz und Freundschaft zwischen allen Völkern und allen rassischen oder religiösen Gruppen fördern und die Tätigkeit der Vereinten Nationen zur Aufrechterhaltung des Friedens unterstützen." In Artikel 13 des Internationalen Paktes über wirtschaftliche, soziale und kulturelle Rechte vom 16. Dezember 1966 heißt es, dass die Vertragsstaaten das Recht eines jeden auf Bildung anerkennen. Hier wird auch gefordert, dass eine grundlegende Bildung für Personen, die eine Grundschule nicht besucht oder abgeschlossen hätten, zu fördern oder zu vertiefen sei.

Das Europäische Parlament hat in seiner „Entschließung zur Freiheit der Erziehung in der Europäischen Gemeinschaft" vom 14. März 1984 den rechtlichen Anspruch von Kindern und Jugendlichen auf Erziehung und Unterricht statuiert (le droit à l'éducation et à l'instruction; the right to education and teaching; el derecho a la educación y a la instrucción), für Eltern das Recht, die Erziehung und die Art des Unterrichts ihrer minderjährigen Kinder zu bestimmen. Alle Länder haben nach der Zielsetzung dieser Entschließung das Recht auf Erziehung und Unterricht ohne Diskriminierung aufgrund des Geschlechts, der Rasse, der philosophischen oder der religiösen Überzeugungen, der Staatsangehörigkeit oder der sozialen oder wirtschaftlichen Lebensumstände.[21] Auch hier heißt es, dass die Erziehung und der Unterricht das Ziel haben, die Persönlichkeit zur vollen Entfaltung zu bringen sowie die Achtung der Menschenrechte und Grundfreiheiten zu stärken. Entsprechend hat das Europäische Parlament in seiner „Erklärung der Grundrechte und Grundfreiheiten" vom 12. April 1989 in Artikel 16 bestimmt: „Recht auf Bildung. Jeder hat das Recht auf Bildung und Ausbildung gemäß seinen Fähigkeiten. Die freie Schulwahl ist gewährleistet. Das Recht der Eltern auf Erziehung der Kinder gemäß ihren religiösen und weltanschaulichen Überzeugungen wird gewährleistet."[22] In anderen Sprachen ist die Rede von „droit a l'education" und „une formation professionelle", right to education and vocational training", „derecho a la educadión y a una formación profesional". Zugleich wird das Recht der Eltern auf Erziehung gewährleistet. Die Kommission der Europäischen Gemeinschaft betont in ihren

---

[21] *Alfred Fernandez/Siegfried Jenkner* (Hrsg.), Internationale Erklärungen und Übereinkommen zum Recht auf Bildung und zur Freiheit der Erziehung, Frankfurt/M. 1995, S. 273.

[22] *Alfred Fernandez/Siegfried Jenkner*, S. 277.

Leitlinien zur allgemeinen und beruflichen Bildung (education et formation; education and training, educación y formación) die Unerlässlichkeit, die reiche Vielfalt der Bildungstraditionen der Gemeinschaft zu wahren und zu respektieren, das gemeinsame Erbe zu nutzen. Widersprochen wird hier einer pauschalen Harmonisierung oder Vereinheitlichung der Bildungssysteme. In dem Vertrag über die Europäische Union vom 7. Februar 1992 heißt es unter der Überschrift „Allgemeine und berufliche Bildung", die Gemeinschaft trage zur Entwicklung einer qualitativ hochstehenden Bildung dadurch bei, dass sie die Zusammenarbeit zwischen den Mitgliedsstaaten fördere, die Tätigkeit der Mitgliedsstaaten unterstütze und ergänze unter strikter Beachtung der Verantwortung der Mitglieder für die Lehrinhalte, die Gestaltung des Bildungssystems (education systems; systéme éducatif; sistema educativo), der Vielfalt der Kulturen und Sprachen.[23] Ist es hier schon schwierig, angesichts der verschiedenen Sprachen und pädagogischen Traditionen ein interkulturelles Rechtsgespräch zu beginnen, so kompliziert sich dieses Gespräch mit Blick auf Artikel 13 des Internationalen Pakts über wirtschaftliche, soziale und kulturelle Rechte und des Übereinkommens über die Rechte des Kindes um ein Vielfaches. Wir können in dieser kleinen Abhandlung diesen Schwierigkeiten nicht nachgehen und halten aus dem Übereinkommen über die Rechte des Kindes folgendes fest: Artikel 14 verpflichtet die Vertragsstaaten, das Recht des Kindes auf Gedanken-, Gewissens- und Religionsfreiheit zu achten. Nach Artikel 28 erkennen die Vertragsstaaten das Recht des Kindes auf Bildung an. In Artikel 29 verständigen sich die Vertragsstaaten unter anderem darauf, das Kind auf ein verantwortungsbewusstes Leben in einer freien Gesellschaft im Geiste der Verständigung, des Friedens, der Toleranz, der Gleichberechtigung der Geschlechter, der Freundschaft zwischen allen Völkern und ethnischen, nationalen und religiösen Gruppen sowie zu Ureinwohnern vorzubereiten. Weiter soll sich die Bildung des Kindes darauf richten, ihnen Achtung vor der natürlichen Umwelt zu vermitteln. Die Afrikanische Charta der Menschenrechte und Rechte der Völker vom 23. Juli 1981 fordert in Artikel 17 ein Recht auf Bildung und die ungehinderte Teilnahme am kulturellen Leben der Gemeinschaft. Die Amerikanische Erklärung der Menschenrechte und -pflichten vom 2. Mai 1948 verbindet das Recht auf Bildung, die beruhen sollte auf den Prinzipien der Freiheit, der Moral und menschlichen Solidarität, mit der Pflicht eines jeden Menschen (Artikel 31), wenigstens eine Grundbildung (elementary education; l'instruction primaire; la instrucción primaria) zu erwerben.[24] Das personale und soziale Menschenrecht auf Bildung wird hier ergänzt und verstärkt durch die innere Verpflichtung zur Selbstbildung, durch die Verpflichtung des Staates zur Förderung der Vielfalt im Bildungswesen.

---

[23] *Alfred Fernandez/Siegfried Jenkner*, S. 280.
[24] *Alfred Fernandez/Siegfried Jenkner*, S. 286.

V. Freiwerdendes Schulwesen

Es muss betont werden, dass der rechtliche und ökonomische Freiheitsraum der Schulen leer, unerfüllt bleibt, wenn nicht die innere Freiheit des Denkens, des pädagogischen Entwurfs den Grund abgibt, vorab existiert. Das „Europäische Forum für Freiheit im Bildungswesen" strebt darüber hinaus einen äußeren Freiheitsraum an, die Autonomie der Schulen: die Freiheit der Gründung, der Gestaltung nach einer pädagogischen Idee. Diese Autonomie steht nicht allein den „privaten"[25], sondern auch den staatlichen und kommunalen Schulen zu. Reijo Wilenius, ein finnischer Philosoph, setzt fort, dass diese Freiheit auch eine öffentliche finanzielle Unterstützung verlange. „Sonst ist man nicht frei zu tun, was man als richtig erkannt hat. Der Sinn dieser Freiheit ist, dass sich nur durch sie ein lebendiger pädagogischer Geist entwickeln kann."[26]

Ein freiwerdendes Schulwesen muss sich in der jetzigen geschichtlichen Situation erneut gegen ein sich aufzwingendes allgemeinverbindliches Schulprogramm auflehnen. Damit wird freilich nicht geleugnet, dass die Verstaatlichung des Schulwesens notwendig war, das Schulwesen aus fürstlicher und kirchlicher Hegemonie, Vormundschaft zu befreien. Diese Befreiung hat allerdings nicht hingereicht, ein Recht auf Bildung für alle Menschen Wirklichkeit werden zu lassen. Gegen jede politische Instrumentalisierung der Schule einerseits, die Beliebigkeit, Gleichgültigkeit des pädagogischen Gesichts der Schule andererseits richten sich die Versuche, auf dem Weg freier Selbstverwaltung das Erziehungs- und Unterrichtswesen zu gründen in einem freien Geistesleben, das freilich wiederum nicht weltanschaulich eingeengt werden darf. So hebt Strawe die Akzeptanz der Freiheit für alle Impulse im Schulwesen hervor, nach denen mündige Menschen – gerade die Kinder und Jugendlichen selber – streben. Strawe fordert hier, die Grund- und Menschenrechte sollten als Freiheitsrechte die Basis des Schulwesens sein; auf der Basis der Menschenrechte seien unterschiedliche Impulse miteinander koexistenzfähig. Wenn Strawe gegen Intoleranz, Indoktrination, Manipulation, Vielfalt, Wettbewerb, Transparenz richtet, so ist ihm zuzustimmen. Sein Bezug auf das in Artikel 26 der im Dezember 1948 von der UNO-Generalversammlung in Paris verabschiedeten Allgemeinen Erklärung der Menschenrechte verankerte Recht auf Bildung entbehrt allerdings einer Präzisierung.

Das Bundesverfassungsgericht kennzeichnet die „Privatschule" in der Weise, dass an ihr ein eigenverantwortlich geprägter und gestalteter Unterricht erteilt

---

[25] S. *Johann Peter Vogel*, Das „herkömmliche Bild der Privatschule", in: Recht der Jugend und des Bildungswesens 1998, S. 206–216.
[26] *Reijo Wilenius*, Freiheit, ein Grundbedürfnis des modernen Menschen, in: Eginhard Fuchs (Hrsg.), Für Freiheit im Bildungswesen!, S. 68.

werde, insbesondere soweit er die Erziehungsziele, die weltanschauliche Basis der Lehrmethode, die Lehrinhalte betreffe. Ich füge hier an, dass es in verfassungsrechtlicehr Hinsicht keineswegs akzeptabel ist, Schulen in freier Trägerschaft als „private Ersatzschulen" unterzuordnen, in finanzieller und rechtlicher Hinsicht zu benachteiligen. Aus dem Horizont der Anthroposophie fragt Strawe so mit Recht, mit welcher Begründung eigentlich nur staatliche Schulen als öffentliche bezeichnet werden. „Leisten Schulen in freier Trägerschaft – seien es nun Waldorfschulen, Montessorischulen oder andere – nicht einen gleichwertigen Beitrag zum Zustandekommen eines öffentlichen Schulwesens?"[27] Es lässt sich auch sagen, dass die öffentliche Verantwortung sich nur in Freiheit erüben lässt; der Staat muss die Freiheit der Schulen zu ihrer Eigenart derart fördern, dass sie zu neuen Impulsen für die Veränderung der Gesellschaft werden. Das Schulwesen erstickt an einer von oben auferlegten sterilen Vereinheitlichung; es lebt dagegen aus schöpferischer Vielfalt heraus.[28]

VI. Kinder-Recht

Die Proklamation des Rechts auf Bildung ist in den Horizont der Unteilbarkeit der Menschenrechte zu rücken. Verbunden werden sollten die sozialen, wirtschaftlichen und kulturellen Rechte mit den politischen und staatsbürgerlichen Rechten. Die Konvention über die Rechte des Kindes deutet die Unteilbarkeit auch in der Weise, dass das Recht auf Bildung mit dem Recht auf Gesundheit, auf gesunde Erziehung[29], Gesundheitsfürsorge, sanitäre Einrichtungen in Zusammenhang gebracht wird. So schreibt das DEUTSCHE KOMITEE FÜR UNICEF, der südindische Bundesstaat Kerala, in dem fast alle Menschen lesen und schreiben könnten, weise die niedrigste Kindersterblichkeitsrate aller „Entwicklungsländer", die niedrigste Geburtenrate in ganz Indien auf. Zugleich wird ein Zusammenwirken mit dem Recht auf Arbeit betont, schließlich die Auswirkung auf Probleme des internationalen Friedens. „Wenn das Recht auf Bildung verweigert wird, schadet dies der Demokratie und dem sozialen Fortschritt – und damit indirekt auch dem internationalen Frieden und der Sicherheit. Analphabetentum hindert Kinder an einer umfassenden Entwicklung und macht es ihnen damit schwerer, sich als Erwachsene für eine Gesellschaft einzusetzen, die von Verständnis und Frieden geprägt ist und auf die Diskriminierung von Frauen, ethnischen Minderheiten und anderen benachteiligten Teilen der Be-

---

[27] *Christoph Strawe*, Waldorfschule im Wandel der Gesellschaft, in: Erziehungskunst, 63. Jg., Heft 5, Mai 1999, S. 533.

[28] *Frank-Rüdiger Jach*, Schulvielfalt als Verfassungsgebot, Berlin 1991.

[29] S. *George Kent*, Children's right to adequate nutrition, in: The International Journal of Children's Rights 1, 1993, S. 133–154.

völkerung verzichtet.[30] Die Grundschulbildung soll zugleich dem Schutz vor Kinderarbeit und sexueller Ausbeutung dienen. Artikel 28 der Konvention über die Rechte des Kindes verlangt als Stärkung des Rechts auf Bildung die Verpflichtung des Staates, eine kostenlose obligatorische Grundschulbildung einzuführen, die Würde des Kindes bei allen Disziplinarmaßnahmen zu achten, die internationale Zusammenarbeit im Bildungsbereich auszubauen. Das Recht auf Bildung (the right of the child to education; le droit de l'enfant a l'education) wird zugleich als Beitrag zur Hervorbringung eines demokratischen Gemeinwesens verstanden. Bildung wird in der Konvention nicht allein als kognitiver Entwicklungsweg der Kinder ausgelegt, „sondern bezieht auch ihre körperliche, soziale, emotionale, moralische und seelische Entwicklung ein"[31]. Dieser erweiterte Bildungsbegriff achtet freilich die Lebensperspektive je-dieses Kindes, wobei bei der Realisierung des Rechts auf Bildung die Gleichstellung der Geschlechter, soziale Gerechtigkeit, Gesundheit, Ernährung, Partizipation von Kindern, Eltern, Gemeinden eingeschlossen werden. Schulen sollen Lebensräume (und Lebenszeiten) für Kinder werden, in denen sie sauberes Trinkwasser, angemessene sanitäre Einrichtungen finden, eine Umgebung mit sich entstehen lassen, in der sie als Personen (personality; personalité) geachtet werden. Zu betonen ist weiter der innere Zusammenhang des Rechts auf Bildung mit der Pflicht der Vertragsstaaten, alle Formen der Diskriminierung zu überwinden (siehe Artikel 2 der Konvention), mit dem Grundsatz, dass bei allen die Kinder betreffenden Maßnahmen das Wohl des Kindes (the best interests of the child; l'intérêt supérieur de l'enfant) vorrangig zu berücksichtigen ist. (Artikel 3 der Konvention) Artikel 6 der Konvention verpflichtet die Staaten, anzuerkennen, dass jedes Kind ein angeborenes Recht auf Leben hat (inherent right to life; droit inhérent à la vie).

Eine Schule der Achtung der Kinderrechte, des Ausgangs vom Kindeswohl, einer gewaltfreien Lernumgebung, der gegenseitigen Akzeptanz, kurz: eine kinderfreundliche Schule (der starken Partizipation, der friedlichen Konfliktaustragung, der helfenden Lehrerinnen und Lehrer) kann Bildung nicht missverstehen als Mittel zur Erreichung eines hier äußerlichen Zwecks (zum Beispiel als Instrument der „Entwicklungshilfe", als Institution, als Voraussetzung für einen Arbeitsplatz); vielmehr prägt sie sich aus als Recht aller Kinder, als Verpflichtung aller Staaten, als – im Sinne einer „Bildungsrevolution" – „Grundlage eines freien und erfüllten Lebens".[32]

---

[30] Deutsches Comitee für UNICEF (Hrsg.), Das Recht auf Bildung. Zur Situation der Kinder in der Welt 1999, Frankfurt/M. 1999, S. 13; s. *Mary John*, Children with special needs as the casualties of a free market culture, in: The International Journal of Children's Rights 1, 1993, S. 11 f.
[31] *Mary John*, S. 16.
[32] *Mary John*, S. 30.

Ich deute hier einige Schulgestaltungen an, ohne damit diese Wege der Bildung auf Schulen verengen zu wollen. Die Uhuru-Mchanga-nyiko-Grundschule in Tansania, 1921 gegründet, nimmt Kinder mit und ohne Behinderungen auf (auch Taube und Blinde). Blinde Lehrer arbeiten mit anderen Lehrern zusammen. Die Schule ist in das Umfeld eingebunden; die Produkte der Kinder werden auf dem Markt verkauft.[33] Das EDUCO-Projekt in El Salvador (Programa de Educación con Participación de la Comunidad), das die Kontrolle über Schule und Vorschulen in die Hände kommunaler Träger legt, zielt auf Kinder in ländlichen Gegenden ab und leistet so einen Beitrag zur Dezentralisierung des Bildungswesens. Die von UNICEF und UNESCO entworfene Konzeption der „Schule in der Kiste" will das Recht auf Bildung auch in Kriegs- und Notsituationen gewährleisten. Kinder erhalten Papier, Bleistifte, Kreide, Radiergummi, Hefte, Lehrer Materialien zur Stundenplangestaltung, Lehrmittel, Textbücher. Die Kommunen erhalten Hilfe beim Wiederaufbau von Schulen[34]. In diesen Schulen sollen Kinder Selbstachtung lernen, sich des Rechts auf Frieden bewusst werden, den Mut sammeln zum Recht auch gegen den Krieg[35]. Dazu gehört auch ein Verbot der Landminen-Herstellung in Deutschland.

VII. Schluss

Ohne Zweifel muss das Menschen-Recht auf Bildung verstanden werden als Protest gegen die koloniale Bildung, gegen die Privilegien einer selbsternannten Elite. In diesem Sinn sucht Alejandro Cussiánovich nach einer „Pädagogik der Zärtlichkeit"[36]. Protagonismo infantil bedeutet Selbstbestimmung der Kinder. Das peruanische Institut für Volkspädagogik tritt für eine pädagogische Erneuerung, für eine Erziehung im Geist der Kinderrechte ein. Die Universität von La Paz (Bolivien) bot ein sechsmonatiges Studium der Kinderrechte an. Übergehen wir auch nicht die „Bildung für Straßenkinder in Kambodscha"[37], die Überwindung der Verletzlichkeit durch Freude, kindlichen Enthusiasmus, die Bildung für Adivasi in Indien (Entschulung, Sinn für die eigene Sprache, für die Adiva-

---

[33] *Mary John*, S. 56 f.

[34] *Mary John*, S. 74.

[35] *Arnold Köpcke-Duttler*, Kinder haben Rechte. Auch im Krieg. Auch gegen den Krieg. (Flugblatt); UNICEF, Kinder haben Rechte!, Dokumentation Nr. 11, Köln 1996, S. 14 und „UNICEF gegen Kindersoldaten", Süddeutsche Zeitung vom 11.5.1999, S. 10.

[36] *Hans-Martin Große-Oetringhaus*, Protagonismo infantil und Cussiánovichs Pädagogik der Zärtlichkeit, in: terre des hommes (Hrsg.), Lernen für ein besseres Leben. Menschenrecht Bildung, Osnabrück 1998, S. 6 f.

[37] *Hans-Martin Große-Oetringhaus*, S. 20 f.

si-Kultur, für Theater, Musik), die Bildungsanstrengungen für Frauen im indischen Bundesland Uttar Pradesh (Development For Rural People And Nutrition) mit Hilfe von Alphabetisierungszentren. Überall scheint dabei auch etwas vom Geist Paulo Freires hineinzustrahlen. Der Pädagoge der Unterdrückten, der Erfinder einer Pädagogik der Hoffnung stand Zeit seines Lebens für das Recht der Unterdrückten auf Selbstbildung ein; „ein Mann des Aufstandes und der Liebe, des Dialogs und der Unbeirrbarkeit, des Widerstandes und der Versöhnung"[38]. In seinem Leben ist das Einstehen für ein Recht auf Bildung und Erziehung gerade der Armen deutlich geworden. Freilich wird auch angesichts seiner Anstrengungen deutlich, welche Mühen noch aufgebracht werden müssen für die Verwirklichung und die Bewährung des Rechts auf Bildung in einem interkulturellen Horizont.

---

[38] *Hans-Martin Große-Oetringhaus*, S. 8; s. *Martin Bröking-Bortfeldt*, Paulo Freire und die Theologie der Befreiung, Dialogische Erziehung 1, 1999, S. 30–36.

Für Karl Marx einspringen:
Der vernachlässigte Klassenkampf
im amerikanischen Bildungswesen

John E. Coons

Meine erste Aufgabe ist es, diejenigen Merkmale amerikanischer Gesetzgebung und Kultur zu erklären, die die Bewegung hin zur freien Schulwahl als einen Akt der Gerechtigkeit nötig gemacht haben. Ich werde kurz berichten, wo wir heute stehen. Danach werde ich einen flüchtigen Vergleich mit Deutschland anstellen und am Schluß eine Verallgemeinerung riskieren. An verschiedenen Stellen muß ich die Rolle eines Historikers, eines Philosophen und eines Anwalts spielen. Nicht, weil ich qualifiziert bin, alle oder einige dieser Dinge zu tun, sondern lediglich, weil die Aufgabe es erfordert und ich derjenige bin, den Sie eingeladen haben. Die 30 Jahre, die ich mich für die elterliche Souveränität eingesetzt habe, könnten als eine Art Qualifikation erscheinen, aber ich warne Sie, denn Erfahrung dieser Art erzeugt genauso viele Vorlieben wie Weisheit.

So oder so muß ich mich kurz fassen. Eines Tages wird die elterliche Wahl die volle und maßgebliche Historie erhalten, die sie verdient, aber nicht heute und nicht von mir. Wenn es soweit ist, müßte solche Historie von einem Marxisten geschrieben werden. Die pädagogische Frustration der Familien der Arbeiterklasse und der Armen in Amerika stellen eine einzigartige Kategorie von gesellschaftlichem Klassenkampf dar. Überraschenderweise hat die Linke bisher diesen Punkt übersehen. Obwohl ich ein etwas ungutes Gefühl habe, Sie in dieses unerfreuliche nationale Geheimnis einzuweihen, muß meine Kollaboration mit den bourgeoisen Unterdrückern ein Ende haben. Und somit beginne ich mit einem Zugeständnis: Es ist kein Zufall, Genosse.

I. Die fehlende marxistische Kritik

Wenn ich die amerikanische Szene darstelle, werde ich mich im allgemeinen von den negativen Dingen hin zu den positiven bewegen. Viele schwierige und umstrittene Inhalte werde ich oberflächlich behandeln müssen. Dennoch ist die grundlegende Historie und Struktur des amerikanischen Bildungsmonopols ziemlich klar. Hier also ist meine kurze Geschichte des „Großen Bourgeoisen Schul-Leviathans":

Staatliche Schulen in Amerika liegen in erster Linie in der Verantwortlichkeit der einzelnen Staaten. Nur 7 % aller Gelder, die in Grund- und Realschulen investiert werden, kommen von der staatlichen Regierung. Nichtsdestotrotz haben wir ein halbes Jahrhundert eine zunehmende Einförmigkeit in der Struktur der Schulen des Landes erlebt, teilweise wegen der sich vermehrenden Regulierungsinitiativen auf Bundesebene und teilweise durch die Veränderung wirtschaftlicher Kräfte und der Mobilität unserer Bevölkerung. Ich betone das Wort *Struktur*; die einzelnen Schulen unterscheiden sich vollkommen von einander in Qualität und Kultur, aber innerhalb eines jeden Staates sind diese Unterschiede zwischen den Schulen systematisch. Tatsächlich ist die Struktur der fünfzig Staaten in Gesetz und Praxis gleichartig genug, so daß jeder große Staat mit einem oder mehreren urbanen Zentren unsere klassenspezifische Behandlung von Schulkindern exemplifiziert; und diese strukturelle Einförmigkeit betrifft in dramatischer Weise unser unmittelbares Thema – das elterliche Recht zu wählen. Daher werde ich an meinem eigenen Staat, Kalifornien, darstellen, was mit der Rolle und dem Einfluß der amerikanischen Familie bezüglich der offiziellen Bildung und Erziehung ihrer Kinder passiert ist.

Kalifornien trat der Union 1850 bei, gerade als die „Väter" des amerikanischen Schulsystems die Vorherrschaft über die staatliche Bildungspolitik erlangten. Kulturaristokraten wie Horace Mann wollten einen Mechanismus, der grundlegende Fertigkeiten und die vorherrschende Kultur den neuen Massen vermitteln würde. Diese Brahmanen, alle aus den nordöstlichen Staaten, verfolgten das Ziel, die angestammten Bindungen jener Immigranten zu schwächen, die vom europäischen Festland und aus Irland kamen. Bis ungefähr 1840 wurden viele dieser Neuankömmlinge – meist Katholiken – auf Staatskosten in privaten religiösen Schulen unterrichtet. Unter dem Einfluß von Mann, James G. Blaine und anderen jedoch wurde diese frühe Beachtung elterlichen Rechts beseitigt, was Katholiken – und oft auch Lutheraner – dazu zwang, private Schulsysteme zu bilden, typischerweise in ihren Pfarrgemeinden. Diese Schulen waren vorgesehen, reichen und armen Familien – Einheimischen wie Immigranten – mit Hilfe kirchlicher Subventionen, individueller Menschenfreundlichkeit und manchmal einem bescheidenen Schulgeld zu dienen. Viele dieser Gemeindesysteme haben bis heute überlebt. In den Innenstädten dienen sie jetzt Minderheiten der Unterschicht und Immigranten (nur wenige von ihnen sind Katholiken); in den Vororten dienen sie der katholischen Mittelschicht.

Schließlich jedoch konnten freie, von Steuergeldern unterstützte staatliche Schulen die Bildung der meisten der weniger begüterten Familien dominieren. Dieses Quasi-Monopol wurde am Ende herbeigeführt durch eine Einförmigkeit im Lehrplan, gepaart mit einer physischen Trennung sozialer Klassen. Der Lehrplan verkörperte eine protestantische Botschaft, akzeptabel für die Mehrheit aller ökonomischen Klassen; aber er wurde durch zwei ausgesprochen unterschiedliche Schulen vermittelt – die eine organisiert, um die Armen in Schach zu halten, die andere, um den Reichen zu genügen. Dieses seltsame Ergebnis war nicht immer bewußte Zielvorstellung der Gründer, war aber die ursprüngliche und fortdauernde rechtliche Struktur der Schulen, wirksam verbunden mit der fortschreitenden Industrialisierung (einschließlich Rassenvorurteilen), die eine bemerkenswerte physische und soziale Teilung amerikanischer Studenten in zwei Klassen herstellte. Um diesen Mechanismus zu erklären, werde ich die Geschichte meines eigenen Staates heranziehen.

In Kalifornien wurde die bildungspolitische Trennung in einer für alle Staaten typischen Weise fortgeführt. Dem Auftrag der Staatsverfassung folgend, teilte die kalifornische Gesetzgebung den Staat im späten 19. Jahrhundert in ungefähr tausend Schulbezirke. Die meisten waren ländlich, viele von großer Fläche und spärlich besiedelt. Nachdem die Eisenbahn das Überlandreisen vereinfacht hatte, entstand eine größtenteils weiße, landwirtschaftliche Bevölkerung, die recht gleichmäßig verteilt war, zumindest in den fruchtbaren Gegenden. Die Schulbezirke erhielten eine erhebliche Autonomie und führten ihre Aufgaben durch lokal gewählte Schulbehörden aus. Diese typische „New-England-Yankee"-Regierungsform nahm das moderne Konzept der „Subsidiarität" vorweg; es war bis zu einem gewissen Grad demokratisch, wenigstens im einfachen Sinn, da es durch Mehrheiten betrieben wurde. Notwendigerweise zwingt es die Verlierer in die lokale Schulpolitik, aber, wenn es unerträglich wurde, konnte eine Familie mit abweichender Meinung den lokalen Vorurteilen oder der Inkompetenz der Lehrer durch den Wechsel in einen anderen Schulbezirk oder einen anderen Aufenthaltsort im gleichen Bezirk entkommen. In fast keinem Bezirk war die ansässige Bevölkerung so einheitlich wohlhabend oder Land so einheitlich teuer, um gewöhnliche Familien einfach durch Wohnungspreise ausschließen zu können.

Jedoch selbst im 20. Jahrhundert war solche Gesetzesstruktur geeignet, Klassenvorurteile und -teilung hervorzubringen. Besonders in den großen Städten der Oststaaten mieden viele der Reichen die öffentlichen Schulen, bevorzugten exklusive weltliche Privatschulen für ihre eigenen Kinder. Und bis weit in dieses Jahrhundert hinein sorgten viele Staaten im öffentlichen Bereich für Rassentrennung. In Kalifornien war die Trennung – erst der Chinesen dann der Schwarzen – ein verbreiteter Grundzug staatlicher Schulen.

Es waren die dramatischen Veränderungen in Wirtschaft und Kultur im 20. Jahrhundert, die diesem uneinheitlichen Gesetzesgerüst sein volles Potential als soziale Sortiermaschine brachten. Als Reichtum sich konzentrierte und Transport sich verbesserte, verwandelte sich der Mechanismus der Schulbezirke in einen staatlich geschaffenen steuerfinanzierten Markt, einen, der organisiert war, um Plätze in den besten öffentlichen Schulen für die Familien schmackhaft zu machen, die es sich leisten konnten zu leben, wo immer es ihnen gefiel. Diese eigenartige Erscheinung erwarb als „Tieboudt"-Effekt sogar eine eigene akademische Bezeichnung. Die Hypothese nämlich, daß diese Art von lokaler Kontrolle ein Instrument des Kundengeschmacks in Hinblick auf Bildung und andere Dienste sei. In gewisser Hinsicht hatte Professor Tieboudt recht. Das amerikanische Schulsystem ist in der Tat ein Markt, wie ich aus eigener Erfahrung bezeugen kann. Als wir in den 60er Jahren mit unseren fünf Kindern nach Kalifornien zogen, wählten meine Frau und ich unseren Wohnort sorgfältig aus, nicht nur nach dem Schulbezirk, sondern sogar nach dem Einzugsbereich einer Grundschule – der John Muir Schule – die wir besonders bewunderten. Sorgfältiges Einkaufen dieser Art ist eine sehr verbreitete Praxis und beeinflußt stark den Preis von Immobilien.

Vielleicht 30 % der Amerikaner können sich das leisten, was wir getan haben. Wir hatten die Wahl, und wir haben von ihr Gebrauch gemacht. Dieser staatlich geschaffene Schulmarkt ist unvollkommen, er operiert mit großer Ineffizienz. Aber er ist ausreichend, um Familien wie meiner ihren entscheidenden Autonomiespielraum zu sichern. Wenn Sie reich genug sind, garantiert die kalifornische Regierung Ihrem Kind einen Platz in einer Schule in einer Gegend, in der Leute wie Sie – aber nur solche Leute – es sich leisten können, zu leben. Natürlich, wenn Sie es bevorzugen, erlaubt Ihnen der Staat zu leben, wo Sie möchten und das Schulgeld einer privaten Schule Ihrer Wahl zu zahlen. So manches Mal haben meine Frau und ich das auch gemacht, zusammen mit 11% aller anderen kalifornischen Familien.

Hier haben wir also ein System, welches sich rühmt, „öffentlich" zu sein, das aber den Zugang zu den besten Schulen nur den Reichen zur Verfügung stellt, während es die Arbeiter und die Armen in die staatlichen Schulen treibt, die in solchen Gegenden liegen, wo das Leben für sie erschwinglich ist. Nun frage ich Sie: Wo im letzten Jahrhundert waren die marxistischen Theoretiker, deren Berufung es doch ist (oder wenigstens war), solche abscheulichen Instrumente des Klassenkampfes aufzudecken? Und überhaupt, wo waren – und wo sind – jene demokratischen Politiker, die uns so pausenlos ihrer tiefen Besorgnis für die nicht so Reichen versichern? Soweit ich weiß, betreiben die Demokraten (meine eigene Partei) diese staatlichen Schulen, in denen die Armen verwahrt werden oder sind – mit Hilfe der Lehrergewerkschaften –, damit beschäftigt, im Parlament und im Kongreß sicherzustellen, daß sich in diesem System nichts ändert außer seinen ständig expandierenden Kosten. Sie sind sogar im Weißen Haus, wo ein Präsident, der „die Pein der Armen fühlt", Gesetzen widerspricht, die Stipendien für die notleidenden Kinder in Washington D.C. vorgesehen hätten. Vergebens hatten diese Familien gehofft, aus den entsetzlichen Staatsschulen der Innenstadt zu entkommen in der Hoffnung, in solchen wohlhabenden Bezirken aufgenommen zu werden und in Privatschulen, wohin der Präsident selbst und die meisten Politiker ihre eigenen Kinder schicken.

Ich möchte auch die Republikaner nicht außer acht lassen. Oft war ihr Hauptverdienst die Ehrlichkeit über ihre Gleichgültigkeit bezüglich des Problems. Viele wohnen komfortabel mit mir in den Vororten oder nutzen die Privatschulen; obwohl sie den Markt bewundern, zögern sie oft, den weniger glücklichen Familien zu helfen, dieselben Schulen zu wählen. Nichtsdestotrotz muß man anerkennen, daß viele Republikaner (und heute sogar gelegentlich der Demokrat) beginnen, sich der moralischen Bedeutung ihrer eigenen Phrasen über Freiheit bewußt zu werden. Im Folgenden werde ich deutlich machen, daß es Hoffnung gibt.

Im Augenblick jedoch stellen die meisten amerikanischen Schulen den marxistischen Alptraum dar, den ich beschrieben habe: Die Reichen wählen; die Armen werden rekrutiert. Und jene Professionellen, die das Monopol betreiben – vom Präsidenten bis runter zum Ortsgewerkschaftsboss – beharren darauf, diese Schulen „öffentlich" zu nennen; sie tun sogar so, als wenn diese Art von Gefangenschaft den demokratischen Geist nährt. Diese bequemlichen Leute kontrollieren immer noch das nationale Mikrofon; und sie verstehen alle nur zu gut, daß die Amerikaner durch die Mythologie des Veröffentlichten bewegt werden können. Sie wissen, daß der durchschnittliche, gut gestellte Amerikaner der Mittelklasse nur allzugern glauben will, daß unsere staatlichen Schulen offen und demokratisch sind. Es ist die traurige aber zentrale Aufgabe derjenigen, die die freie Schulwahl unterstützen, dies als sentimentale Fantasie aufzudecken.

Glücklicherweise hat diese Aufdeckung jetzt einen guten Anfang gefunden. Diese Arbeit ging und geht langsam voran. Nichtsdestotrotz berichtet heute eine Mehrheit von Amerikanern (und eine große Mehrheit der Armen und Minderheiten), daß sie bereit sind, über Vorschläge bezüglich einer subventionierten Wahlmöglichkeit nachzudenken, solange sie sorgfältig ausgearbeitet sind, um den Kindern benachteiligter Familien fairen Zugang zur Teilnahme an Schulen zu sichern. Experimente in zahlreichen Staaten liefern den Beweis, daß die Wahlmöglichkeit die beste Hoffnung für Kinder von Familien aus der Innenstadt mit niedrigem Einkommen ist. Die Debatte über die Wahlmöglichkeit ist im vollen Gange. Nach und nach sollte sie eine grundlegende Veränderung in unserer nationalen Auffassung bewirken. Sogar ohne Marx scheint Amerika sein „falsches Bewußtsein" abzulegen und zu beginnen, sich der Realität zu stellen, daß sein Schulsystem alles andere als „öffentlich" ist.

II. Worum geht es in der Debatte?

Ich komme nun zum sozialen und bildungspolitischen Kern der gegenwärtigen Debatten. Was betrachten die Befürworter der Wahlmöglichkeiten als die grundlegenden Prämissen ihrer Bewegung? Das ist nicht immer ganz klar, aber ich muß versuchen, es klar zu machen. Lassen Sie mich mit der traurigen Beobachtung beginnen, daß in den letzten 25 Jahren die Wahlmöglichkeit befürwortende Debatte eine unsinnige Betonung auf das Marktprinzip legte. Das Problem ist nicht, daß das Prinzip falsch ist oder daß der freie Markt nicht für Bildung geeignet ist; der Fehler war, dieses nützliche ökonomische Instrument zum Selbstzweck zu erheben.

Die ursprünglich vorgebrachte Rechtfertigung für das Experimentieren mit Wahlmöglichkeiten hatte einen eher derben Ton. Ernsthafte politische Bemühungen begannen in den 60er Jahren als Teil von Präsident Lyndon Johnsons „Krieg gegen die Armut". Zu jener Zeit war die spezielle Grundlage für die Wahlmöglichkeit das Bedürfnis der Familien unteren Einkommens nach Befreiung vom staatlichen Bildungsmonopol. Die Schulwahl war in erster Linie ein Vorschlag der Demokraten. In den 70er Jahren begann der Kongreßabgeordnete Leo Ryan eine Bewegung zu organisieren, um allen kalifornischen Kindern Stipendien zur Verfügung zu stellen, die in allen öffentlichen oder privaten Schulen verwendbar sein würden. Diese Veränderung wurde durch einen populären Volksentscheid herbeigeführt, der besondere Schutzmaßnahmen für die Zugangsrechte benachteiligter Kinder enthielt.

Diese nachdrückliche Betonung der Armen, zusammen mit ihrer Initiative der demokratischen Partei, sollte gemeinsam mit dem „Krieg gegen die Armut" und dem tragischen Tod des Kongreßabgeordneten Ryan 1978 verschwinden. Mit der Vorherrschaft der Politik des freien Marktes in den späten 70er Jahren setzte sich die Agitation für die Wahlmöglichkeit fort, wurde aber zurückgeführt auf seine Grundlagen – also seinen Geist. Allmählich kam es in Mode, sich über die Deregulierung von Schulen auszusprechen, als ob sie wie Banken oder Fluglinien funktionieren. Das besondere Elend der armen Familien verlor an Beachtung zugunsten eines libertären Bildes, das den Markt zu seiner eigenen Rechtfertigung zu machen schien. Gern, wie sie Märkte nun mal hat, zögerte die amerikanische Öffentlichkeit; und, sehr geschickt, förderten die Lehrergewerkschaften diese instinktiven Vorbehalte, indem sie eine endlose Kampagne der Verunglimpfung und Diffamierung führten. Die Schulwahl wurde als kapitalistisch entworfene Falschmeldung dargestellt, die nicht für, sondern gegen die Armen gerichtet ist. In sechs Staaten kooperierten die Marktenthusiasten naiverweise mit ihren Feinden, brachten schlecht entworfene Volksentscheide zur Abstimmung, für die sie mit Slogans des freien Marktes argumentierten. Sie wurden alle bei der Abstimmung niedergeschmettert.

Wenigstens in einigen Gegenden wurde die politische Lektion aus dieser Ablehnung schließlich gelernt. Seit den frühen 90er Jahren haben in Wisconsin ein republikanischer Gouverneur und ein demokratischer Gesetzgeber der Innenstadt zusammengearbeitet, um ein allmählich expandierendes Bildungsgutschein-Programm zu entwickeln, das es tausenden der Armen von Milwaukee erlaubt, die öffentlichen Schulen zu verlassen. Die Wähler Wisconsins unterstützten geschlossen die Idee. Trotz sämtlicher Bemühungen der Schulinstitution, das Experiment zu diskreditieren und zunichte zu machen, ist es in jeder Hinsicht schlicht erfolgreich und wurde nun von Cleveland übernommen. Befürworter scheinen schließlich überzeugt zu sein, daß es – in diesem geschichtlichen Stadium – der öffentlichen Akzeptanz bedarf, die Wahlmöglichkeit als Hilfe für diejenigen anzusehen, die sie am meisten benötigen. Im Laufe der Zeit könnte ein allgemeines System folgen, aber es werden die Armen sein – nicht der Markt selbst –, die uns führen sollen.

Die für die Schulwahl geeigneten, rechtlich zulässigen Formen können ziemlich unterschiedlich sein, solange die Öffentlichkeit sehen kann, daß das zentrale – oder zumindest das anfängliche – Thema eines Vorschlags die Einkommensschwachen und die Arbeiterfamilien sind. Generell sollten sieben Regeln befolgt werden:

(1) Die staatlichen Schulen müssen zu gleichen Bedingungen teilnahmeberechtigt sein;

(2) die Identität der Privatschulen sollte bezüglich des Lehrplans, der Einstellungsrichtlinien und der Disziplin geschützt werden;

(3) die Armen müssen ihren Zugang haben, der durch eine Form von Zulassungssystem geschützt wird;

(4) sollte extra Schulgeld berechnet werden, so muß dies den Zahlungsmöglichkeiten der Familien angemessen sein;

(5) ein vernünftiger Transport muß den Armen zur Verfügung gestellt werden;

(6) den Familien müssen adäquate Informationen zugesichert werden;

(7) Kinder mit Behinderungen müssen geschützt werden.

Vor kurzem hat der Staat Florida das erste umfassende landesweite Stipendienprogramm aufgestellt. Es folgt den meisten dieser sieben Kriterien, jedoch in einer besonderen Art. Die Kinder, die für die Stipendien in Frage kommen, sind jene aus den nach Testpunkten beurteilten schlechtesten Schulen. Diese Kinder können zu besseren öffentlichen Schulen überwechseln oder ein $-4000-Stipendium für Privatschulen erhalten. Die Privatschulen, die sich daran beteiligen, dürfen sich die Schüler nicht aussuchen, noch dürfen sie extra Schulgeld berechnen. Man beachte, daß Florida sich nicht nach dem Einkommen der Familien erkundigen wird. Nichtsdestotrotz ist es in der Praxis wahrscheinlich, daß die meisten Kinder in diesen Schulen aus Familien mit bescheidenem oder geringem Vermögen kommen werden.

Meine Kollegen und ich sind sehr glücklich über diesen Sieg für die Schulwahl, der von einem neuen republikanischen Gouverneur trotz heftiger Widerstände der Gewerkschaften erreicht wurde. Ähnliche Bemühungen werden jetzt auch in mehreren anderen Staaten auf den Weg gebracht. Zum großen Durchbruch wird es kommen, wenn solch eine Reform von einem der demokratischen Gouverneure vorgeschlagen wird. Wegen der gegebenen Abhängigkeit von den – und Verwundbarkeit durch die – Gewerkschaften, kann dies noch einige Zeit dauern. Aber ich stelle mir manchmal vor, daß ich die Tür knarren höre (oder ist es die Mauer, die da bröckelt?).

Diese neuen kreativen politischen Reaktionen sind mehr oder weniger bewußt aus drei „allgemeinen" Argumenten für die Wahlmöglichkeit entstanden. Mit dem Wort „allgemein" meine ich, daß keines der Argumente sich auf eine bestimmte bildungspolitische Zielvorstellung konzentriert, sondern eher eine Kritik bildet, die das Gesamtsystem der Schulzuweisung als irrational und ungerecht darstellt. Das erste Argument ist fast aphoristisch und wird typischerweise in folgender Form dargestellt: Wenn die Wahlmöglichkeit für die Reichen gut war, sollte sie nun allen Klassen gewährt werden, es sei denn, seine Gegner können einige sehr gute Gründe dagegen finden. Wenn es nur die Reichen sind, denen man die Kinder anvertrauen kann, dann lassen Sie uns die Gründe hören; lassen Sie jene, die die Armen ausschließen würden, die Beweislast tragen. Ich denke, daß diese einfache Idee in den Köpfen der amerikanischen Öffentlichkeit allmählich immer mehr Platz greift. Ich würde sie als *„Argument der Klassendiskriminierung"* bezeichnen. Es überrascht nicht, daß Verteidiger des Monopols jede Anstrengung unternehmen, um zu vermeiden, die Frage in dieser Form anzusprechen. Beachten Sie, daß eine logische politische Konsequenz aus solch einer Klassendiskriminierung sein würde, die Reichen zusammen mit den Armen zu rekrutieren und sie alle in die staatlichen Schulen zu schicken. Jedoch ist es aus einigen Gründen, unsere Bundesverfassung eingeschlossen, unwahrscheinlich, daß dies passiert – Gott sei Dank!

Die zweite allgemeine Begründung für die Schulwahl werde ich das *Argument der Unentschiedenheit* nennen. Dieses Konzept ist ebenfalls einfach und ergibt sich aus einer soliden, sachlichen Prämisse. Empirisch gesehen ist es der Fall – wenigstens in Amerika –, daß sich professionelle Pädagogen über Methoden streiten. Es gibt zwanzig sich gegenseitig widersprechende „beste Verfahren", Lesen und Mathematik zu unterrichten. Dem rationalen Beobachter scheint es daher nur natürlich, sich zu fragen: Wenn die Professionellen sich nicht einig werden können, warum sollten dann Eltern ihre Vorliebe für eine Montessori-, eine Comer- oder eine Steinerpädagogik gegenüber der leugnen, die in ihrer hiesigen Schule angeboten wird? Damit im engen Zusammenhang zu sehen ist, daß Kinder selbst verschiedenartig sind, so daß jemand individuell entscheiden sollte, der das Kind kennt und liebt und der für die Fehler in der Schulwahl verantwortlich zu machen ist. Dieses untergeordnete *Prinzip des besten Entscheiders* bestärkt das Argument der Unentschiedenheit. Mangels einer offiziellen universellen Methode des Unterrichts für alle Kinder sollte es ein besonderer Erwachsener sein, der die persönlichen Entscheidungen darüber trifft, wer *dieses* Kind unterrichten soll. Dafür ist kaum jemand besser geeignet als die Eltern.

Die Unentschiedenheit (oder Unwissenheit) bezüglich der Methoden zu betonen betrifft jedoch nicht die Frage, ob Eltern in der Lage sein sollten, *verschiedene Lernergebnisse* zu bewerten. Gäbe es eine weitverbreitete Übereinstimmung hinsichtlich dessen, was ein idealer Absolvent unserer Schulen wissen und glauben sollte, könnte ein Staat einleuchtenderweise einen Lehrplan mit einheitlichem Inhalt aufstellen und so die Eltern in ihrer Wahl zwischen konkurrierenden Pädagogikstilen einschränken. Tatsache ist jedoch, daß es außer der Achtung vor dem Gesetz, der Toleranz gegenüber anderen, dem Erwerb elementarer Fertigkeiten und dem Grundwissen über unsere politischen Institutionen keinen Konsens in Amerika darüber gibt, was Kinder lernen sollten. Wir sind verschiedenartige Menschen mit sehr unterschiedlichen Ansichten darüber, was ein gutes Leben ausmacht. Wir sind Hedonisten, Sozialisten, Katholiken, Liberale, Puritaner, Altphilologen, nachdenkliche Menschen, Konkurrenten. Einige von uns lehnen homosexuelles Verhalten, Abtreibung, Alkohol und Ehebruch ab; andere tolerieren oder verherrlichen sogar solches Verhalten. Milliardär Ted Turner versicherte uns kürzlich, daß das 6. Gebot aufgehoben werden sollte. Kurz gefaßt ist mein Land eines ohne einen *öffentlichen* Kanon des richtigen Glaubens und des richtigen Verhaltens. Hinsichtlich grundlegender Moral und religiöser Angelegenheiten ist jeder Lehrplan – sogar der, nach dem in sogenannten „neutralen" staatlichen Schulen unterrichtet wird – definitionsgemäß *privat*. Die einzige Frage ist, welche Erwachsenen autorisiert werden sollten, Kindern ihre privaten Überzeugungen zu vermitteln; sollten dies die Eltern sein, die für die Kinder der Reichen entscheiden, während Bürokraten über den Rest von uns herrschen? Die Frage beantwortet sich selbst. Ich nenne es das Argument des Dissens (oder des Pluralismus).

Diese drei Argumente der Klasse, der Unentschiedenheit und des Dissens sind losgelöst von jeglichen besonderen pädagogischen Werten. Aber wie bereits dargestellt, gibt es andere Argumente, die durchaus bestimmte Bildungsziele betreffen, und es gibt bestimmte Ziele, die von den Amerikanern allgemein favorisiert werden, in manchen Fällen in klarer Übereinstimmung. Zum Beispiel will jeder, daß Kinder die grundlegenden Fähigkeiten des Lesens und der Mathematik lernen und die elementaren Inhalte der Welt und der Gesellschaft, in der man lebt, beherrschen. Es besteht außerdem Einigkeit über die Hoffnung, daß die Schulen Bürger hervorbringen, die das Gesetz respektieren und Rücksicht auf andere nehmen, trotz unserer vielen Unterschiedlichkeiten. Und nur wenige Amerikaner würden die Aussage zurückweisen, daß unser System der Schulzuweisung der Familie nicht schaden darf. Es gibt weitere plausible Punkte genereller Einigkeit.

Es entwickelt sich gerade eine Literatur, die die Auswirkungen von Schulzuweisung auf der einen Seite und von freier Schulwahl auf der anderen anhand dieser verschiedenartigen Zielvorstellungen vergleicht. Ich kann sie hier nicht alle darstellen, aber ich kann sagen, daß es bisher so aussieht, daß jeder vernünftigen pädagogischen Zielvorstellung besser gedient ist, wenn die elterliche Souveränität bei der Schulwahl akzeptiert wird. Wenn die Reformbewegung auf ihrem Kurs bleibt, kann man einen wachsenden Schatz empirischer Beweise voraussagen, die die Erweiterung der Autonomie amerikanischer Familien durch Stipendien unterstützt. Noch haben sich keine unüberwindlichen technischen Schwierigkeiten bei der Erarbeitung von Gesetzentwürfen ergeben. Es sind bereits einige Gesetzesvorlagen entworfen worden, die beides sicherstellen, daß der Markt seine Chance bekommt und daß die Armen nicht vom Markt ausgeschlossen werden.

Was diese Bewegung jedoch zum Entgleisen bringen könnte, ist die Möglichkeit eines gerichtlichen Ausschlusses konfessionsgebundener Schulen entweder nach Bundes- oder Landesverfassung. Ungefähr die Hälfte unserer Staaten haben Grundgesetze, die dahingehend interpretiert werden können, daß sie die Nutzung staatlicher Mittel für das Zahlen des Unterrichts in kirchlichen Schulen verbieten. Und unsere Bundesverfassung verbietet jedes Landesgesetz, „das religiöse Institutionen betrifft". Niemand ist sicher, wie diese Bestimmungen auf Stipendien angewandt werden; obwohl das Experiment Wisconsins sowohl nach Staats- wie auch nach Bundesgesetz fortgeführt werden durfte, ist das oberste Bundesgericht der Vereinigten Staaten in der bundesrechtlichen Angelegenheit noch zu keinem endgültigen Beschluß gekommen.

Der Ausschluß der religiösen Entscheidungsfreiheit von jedem subventionierten Wahlsystem würde wahrscheinlich das Ende für die meisten kirchlichen Schulen in den Vereinigten Staaten bedeuten. Bereits heute sind sie bedroht durch die neue freie Konkurrenz der sogenannten „Charterschulen". Das sind individuelle staatliche Schulen, denen erlaubt wird, unter einer verringerten Last von Regulierungen zu operieren und die generell für alle Kinder offen sind. Obwohl es immer noch sehr wenige gibt, haben sie potenziell einen positiven Einfluß: Natürlich sollte jedes allgemeine Schulwahlsystem Schulen im öffentlichen Sektor einschließen. Die Befürworter der Wahlmöglichkeit jedoch sind sich uneinig darüber, ob eine weitere Verbreitung der Charterschulen angeregt werden sollte, wenn der Vorschlag nicht private und insbesondere religiöse Schulen einschließt. Einige betrachten jedes herrschende System von staatlichen Charterschulen als einen „cleveren" Gegencoup, den das staatliche Schulestablishment ausgekocht hat, um mehr Kontrolle über die Familie zu behalten, als es erhoffen könnte, wenn der private Sektor mit einbezogen wäre.

Umgekehrt fürchten andere, daß private Schulen miteinbezogen werden, dann aber ihre Identität durch staatliche Regularien verlieren. Einige religiöse Schulen in New York City und anderswo planen zur Zeit, ihr Wirken als private Institution zu beenden mit der Absicht als „öffentliche Charterschulen" wiederzueröffnen und den Religionsunterricht in die Stunden nach Schulschluß zu legen. Ob all das bedeutet, daß die Wahlmöglichkeit insgesamt zunimmt oder abnimmt, ist schwer zu sagen. Für mich wäre jedes System inakzeptabel, das gewöhnlichen Eltern verbietet, die religiösen Werte der Familie in der Schule zu achten, außer als vorläufige Maßnahme. Aber was nur als eine „Interimslösung" der öffentlichen Schulwahl beabsichtigt ist, könnte genügend Wähler beschwichtigen und so den entscheidenden Schritt zu einem vollständig offenen und demokratischen System verhindern. Der klügste politische Kurs ist noch nicht klar.

III. Rat von einem schlecht informierten Marsmenschen

Wenn ich jetzt zu meinen kurzen und letzten Bemerkungen komme, werde ich die Haltung eines freundlichen, aber unwissenden Forschers einnehmen. Ich habe nur ein oberflächliches Wissen über die deutsche Situation und sehe alles durch die amerikanische Brille. Dennoch mögen meine unschuldigen Bemerkungen zufällig nützlich sein.

Mir scheint, daß die Deutschen in bezug auf die Zukunft der Wahlmöglichkeit einen Vorteil haben. Ihr Grundgesetz zeigt sich in all seinen Bestimmungen ausgesprochen freundlich gegenüber der Idee der elterlichen Wahlmöglichkeit und der Privatschulen. Tatsächlich macht es die elterliche Wahlmöglichkeit fast zu einem verfassungsmäßigen Wert, wenn ich das Finanzhilfeurteil des Bundesverfassungsgerichts von 1987 richtig verstehe. Zwar gibt es keinen durchsetzbaren elterlichen Anspruch auf Bildungsgutscheine – kein gesetzlich verankertes „Recht" –, aber es gibt ein deutliches richterliches Interesse, den Wert der Familienautonomie, der in Artikel 6 GG festgelegt ist, vor dem staatlichen Bildungsmonopol zu schützen. Darüber hinaus erklären beide, sowohl Artikel 7 Abs. 4 GG wie auch seine richterliche Interpretation von 1987, die Verantwortlichkeit des Staates für den Schutz der bildungspolitischen Freiheit derer, die es sich nicht leisten können, Schulgeld zu zahlen. Man kann schwerlich vielversprechenderen politischen Nährboden für die Schulwahl verlangen.

Das jüngste bayerische *Kruzifixurteil* steht dieser Betrachtungsweise nicht entgegen. Zugegeben, das Gericht hat eine Gelegenheit verpaßt, die Wahlmöglichkeit zu fordern als eine spezielle Lösung, die die Rechte aller bayerischen Familien respektieren würde. Jedoch wäre das ein, wie Juristen es nennen, „Diktum" gewesen, und man kann verstehen, daß umsichtige Richter sorgfältig ihren Blick auf die vorliegenden Fakten beschränken. Die Entscheidung betrifft somit nur die Rechtmäßigkeit der religiösen Praxis, die Andersgläubigen durch die staatlichen Schulen aufgezwungen wurde. Ich kann die Entscheidung des Gerichts bezüglich dieser besonderen Frage nicht kritisieren, auch wenn sie die einzige Lösung ignoriert hat, die dem Geist der Artikel 3, 6 und 7 GG entsprochen hätte.

Ich kann die politischen Chancen für – oder auch nur das Bedürfnis nach – Schulwahl in Deutschland nicht einschätzen. In der Struktur der Schulen mag es reale Parallelen zum amerikanischen Monopolsystem geben; und die deutsche soziale Wirklichkeit könnte im gewissen Grade den pluralistischen Bedingungen der U.S.-Gesellschaft nahekommen. Wenn dies beides zuträfe, könnte das Gewicht der mittleren Linken, zusammen mit dem der Politik der Mitte theoretisch gemeinsam für die Souveränität der gewöhnlichen deutschen Familie eingesetzt werden; ihre Prinzipien würden sie dazu treiben, auf Freiheit für alle sozialen Klassen durch Schulwahl zu bestehen. Aber Politiker aller Länder können ihren Respekt für das gemeine Volk kundtun, während sie es in Ketten lassen.

Ich werde nur eine feste allgemeine Aussage über Wahlmöglichkeit und Politik riskieren. Jene, die, in welchem Land auch immer, aus der sozialen Norm herausfallen, sind oft Objekte der Furcht und folglich der Kontrolle. Mein Land hat es fast immer zuwege gebracht, solche Leute auszugrenzen und in Zwangsbildungseinrichtungen zu halten. Das ist klar ein Fehler gewesen. Unsere gesamte Erfahrung – und unsere Sozialwissenschaft der letzten 30 Jahre – warnt uns, daß diese Art von Zwang ein schlechter Weg war und ist, gute Bürger hervorzubringen. Wenn eine Nation wollte, daß ihre Schulen Teilnahmslosigkeit, Feindseligkeit und Konflikte zwischen Gruppen erzeugen, so wäre genau dafür die wirkungsvollste Politik, den gewöhnlichen Leuten zu zeigen, daß sie nicht das Vertrauen verdienen, das das Gesetz den Reichen entgegenbringt. Wenn auf der anderen Seite eine Nation bürgerliches Engagement, Toleranz und Selbständigkeit anregen will, wird sie Müttern und Vätern helfen, sich der Schule anzuschließen, die ihre Identität achtet. Der Weg zum Respekt vor einer größeren sozialen Ordnung ist, Respekt gegenüber der Familie zu zeigen.

Autorenverzeichnis

Siegfried Jenkner

em. Professor für Politikwissenschaft an der Universität Hannover, FB Erziehungswissenschaften

Frank-Rüdiger Jach

Professor für Staats- und Europarecht an der Fachhochschule für Öffentliche Verwaltung, Hamburg; Leiter des Instituts für Bildungsforschung und Bildungsrecht e. V., Hannover

Johann Peter Vogel

Rechtsanwalt, Professor Dr., Honorarprofessor am Fachbereich Erziehungswissenschaft der Universität Marburg, Geschäftsführer der Arbeitsgemeinschaft Freier Schulen, Vorsitzender der Landesarbeitsgemeinschaften Brandenburg und Niedersachsen

John E. Coons

em. Professor of Law, University of California, USA

Arnold Köpcke-Duttler

Professor Dr., Rechtsanwalt, Diplompädagoge

Lutz R. Reuter

Professor Dr. jur., Professor für Erziehungswissenschaft, insbesondere Bildungspolitik und Bildungsrecht, Dekan des Fachbereichs Pädagogik der Universität der Bundeswehr Hamburg

Martin Stock

Professor Dr., Professor für Staats- und Verwaltungsrecht an der Universität Bielefeld, Fakultät für Rechtswissenschaft

Frank-Rüdiger Jach

Schulverfassung und Bürgergesellschaft in Europa

Abhandlungen zu Bildungsforschung und Bildungsrecht, Band 2

546 S. 1999. DM 128,– / öS 934,– / sFr 114,–

ISBN 3-428-09549-9

Kern der Untersuchung ist die Forderung, Bildung müsse darauf ausgerichtet sein, den Anforderungen einer pluralistischen Gesellschaft zu genügen. Erfüllt werden kann dies – so die These des Autors – allein durch eine *bürgerschaftlich verfaßte Schule,* in der Eltern und Lehrer das pädagogische Schulprogramm mitgestalten. Dies bedeutet den Abschied von der etatistisch geprägten Schule: Ziel muß die verantwortliche Wahrnehmung öffentlicher Aufgaben durch direkte Bürgerbeteiligung, also *gesellschaftliche Selbstverwaltung* sein. Mit ihrem einseitig konservativen Staatsrechtsverständnis befindet sich die deutsche Bildungspolitik in der Sackgasse – Reformen, die sich an der Bildungspolitik eines *breiten gesellschaftlichen Konsens* – wie in den skandinavischen Ländern praktiziert – orientieren, sind unumgänglich.

Vor dem Hintergrund einer demokratietheoretischen Untersuchung, in deren Mittelpunkt die Begriffe *Bürgergesellschaft, Kommunitarismus* und *Liberalismus* stehen, umfaßt die vorliegende Monographie eine grundlegende Darstellung der Bildungssysteme in den west- und mittelosteuropäischen Staaten.

Duncker & Humblot · Berlin

Autonomie der staatlichen Schule und freies Schulwesen

Festschrift zum 65. Geburtstag von J. P. Vogel

Herausgegeben von

Frank-Rüdiger Jach · Siegfried Jenkner

Abhandlungen zu Bildungsforschung und Bildungsrecht, Band 1
X, 231 S. 1998 ⟨3-428-09293-7⟩ DM 88,– / öS 642,– / sFr 80,–

Die aktuelle Diskussion über die „Autonomie" oder „Selbstgestaltung" von Schule in Deutschland leidet bislang unter einer Verengung des Blickfeldes. Während in anderen europäischen Staaten Schulfreiheit und -vielfalt, Schulwahlrecht der Eltern sowie Selbständigkeit und Profilbildung der Schulen über die ganze Breite des Schulwesens unter Einbeziehung der Schulen in freier Trägerschaft behandelt werden, ist die Diskussion hierzulande weitgehend auf das staatliche Schulwesen beschränkt.

Mit dieser Festschrift aus Anlaß seines 65. Geburtstages soll nicht nur das wissenschaftliche Engagement von Johann Peter Vogel gewürdigt werden, das vom Anfang seines öffentlichen Wirkens an dem Thema Bildungsfreiheit und Schulvielfalt gewidmet ist. Der Sammelband versteht sich zugleich als Beitrag zur aktuellen, sehr kontrovers geführten Diskussion zu diesem Thema.

Die Herausgeber haben seit vielen Jahren die internationale Reformdiskussion verfolgt und begleitet. In den „Abhandlungen zu Bildungsforschung und Bildungsrecht" – die Festschrift Vogel eröffnet diese neue Schriftenreihe – sollen Arbeiten veröffentlicht werden, die verfassungs- und bildungsrechtliche Aspekte mit demokratietheoretischen, erziehungswissenschaftlichen, politikwissenschaftlichen und sozialwissenschaftlichen Erkenntnissen verbinden.

Duncker & Humblot · Berlin

Internet: http://www.duncker-humblot.de